静岡県の鉄道
明治の馬車鉄道から、昭和・平成の新幹線まで

髙井薫平

伊豆急行線の開業で東京から運転された153系による「祝賀列車」。◎熱海駅　1961(昭和36)年12月10日　撮影：久保 敏

.....Contents

1章 国鉄・JR（現役・廃止路線）
- 東海道新幹線 ……………………… 8
- 東海道本線 ………………………… 16
- 御殿場線 …………………………… 80
- 伊東線 ……………………………… 86
- 身延線 ……………………………… 90
- 飯田線 ……………………………… 96
- 清水港線 …………………………… 102

2章 私鉄
- 伊豆急行 …………………………… 106
- 伊豆箱根鉄道駿豆線 ……………… 112
- 岳南電車 …………………………… 120
- 静岡鉄道静岡清水線 ……………… 126
- 大井川鐵道大井川本線 …………… 132
- 大井川鐵道井川線 ………………… 140
- 遠州鉄道 …………………………… 146
- 天竜浜名湖鉄道天竜浜名湖線 …… 152

新富士～静岡間の富士川橋梁（全長1373メートル）を渡る923形「ドクターイエロー」（新幹線電気軌道総合試験車）。
◎2018（平成30）年3月2日

3章 私鉄（廃止路線）

- 伊豆箱根鉄道三島軌道線 …………… 160
- 静岡鉄道静岡市内線 …………………… 164
- 静岡鉄道清水市内線 …………………… 166
- 静岡鉄道秋葉線 ………………………… 168
- 静岡鉄道駿遠線 ………………………… 174
- 遠州鉄道奥山線 ………………………… 184
- 西遠鉄道 ………………………………… 192
- 光明電気鉄道 …………………………… 194
- 堀之内軌道 ……………………………… 196
- 安倍鉄道 ………………………………… 198
- 藤枝焼津間軌道 ………………………… 200
- 庵原軌道 ………………………………… 201
- 島田軌道 ………………………………… 202
- 中泉合同運送 …………………………… 203
- 御殿場馬車鉄道 ………………………… 204
- 富士馬車鉄道 …………………………… 206
- 根方軌道 ………………………………… 207
- 富士軌道 ………………………………… 208
- 熱海軌道組合 …………………………… 210
- 南豆馬車鉄道 …………………………… 212
- 森林鉄道 ………………………………… 214
- 鋼索鉄道 ………………………………… 216
- 修善寺虹の郷 ロムニー鉄道 ………… 220

まえがき

　いま、我が国の政治、産業、文化の中心である東京、名古屋、京都、大阪を結ぶ大動脈を結ぶ鉄道は1964（昭和39）年に開業した東海道新幹線であり、東海道本線である。この大動脈を通過する東海道新幹線は東京～新大阪間515キロメートルのうち200キロメートル弱が静岡県内を通過し、県内に新幹線駅が東海道・山陽新幹線通過都府県で最多の６駅が設置されているが、「のぞみ」の停車する駅はない。主役の座を新幹線に譲った東海道本線はすっかり優等列車の運転が少なくなり、あれだけ賑わった夜行長距離列車（最盛期夜行列車は20列車以上）や「つばめ」「こだま」といった特急列車や、名古屋行き・大阪行きの急行列車が廃止され、現在では東京と出雲、四国を結ぶ夜行寝台特急電車「サンライズ」１往復という寂しさである。

　東海道が国の大動脈という認識は中世からのものであり、広重の描いた東海道五十三次にも残されているように、宿場町が発達した。静岡県下にも箱根から白須賀まで23の宿場町が存在したし、1872（明治５）年に着工された東海道本線も最初から複線鉄道を念頭に置いて建設されている。

　鉄道が交通の要路であることは今も昔も変わりはないが、東名高速道路（1969年５月全通）、中央高速道路（1982年10月全通）、さらに2016年には第２東名高速道路が静岡県内はほぼ完成している。2026年にリニア新幹線が開業すれば大きな変化を見せるかもしれない。ちなみに中央リニア新幹線は静岡県内に駅の設置はなく、静岡県内はかすめる程度らしい。なお2009年６月に開港した静岡空港（富士山静岡空港）も利用状況は今一つであり、札幌・福岡・鹿児島・沖縄便が日に各１～４往復（2018年３月）となっている。大いに期待した国際線は、ソウル・上海・台北・武漢など合計で５～６便が飛んでいる。

　現在、静岡県の総人口は2015年の数字でおよそ370万人である。これは全国第10位、政令指定都市は静岡市と浜松市の２つがある。世界文化遺産富士山は県の西側に位置する山梨県と二分しているが山頂は静岡県富士宮市である。県の東側は太平洋に面し、駿河湾、遠州灘は風光明媚な地として知られ、広重の東海道五十三次の版画が有名である。またすぐれた沿岸漁業の基地があり、桜えびやしらす干しも有名である。遠洋漁業の基地として焼津や沼津、下田があり、それぞれ大きな魚市場が観光客を集めている。温暖な気候に恵まれミカン、お茶の産地として有名であるし、生産量も抜き出ている。工業としては日本楽器（ヤマハ）に代表されるピアノ産業、あるいは世界のホンダを立ち上げた本田宗一郎を生んだ土地であり、東海道線を南下すると丹那トンネルを抜け、浜名湖まで家並みと大工場が続く。その浜名湖が象徴的であるウナギの養殖でも出荷高ベースで日本一だったこともある。

　地形を大雑把に見ると富士山の背後に南アルプスが山梨県と境界を分ける。前は太平洋が長い海岸線を形成するが最北部で伊豆半島が大きく張り出して歴史的にも別の文化が展開した。

　大きな河川は北から富士川、安倍川、大井川、天竜川と著名な河川があり、いずれも河口の広い１級河川である。特に天竜川と大井川によって形成された御前崎は静岡を駿河と遠州の２つの文化圏を分けている（実際は大井川で東西を分けている）。磐田にはかつて遠州の国司がおかれていた。駿河は幕府領だったが、その後沼津付近に国司が置かれ、さらに静岡に移っている。

このように元駿府の静岡と浜松を中心とする遠州ではライバル意識が強いといわれ、それぞれ他県との交流は、静岡市が神奈川、東京方面、浜松市は名古屋、さらに関西方向に延びている。余談だが東海道本線の特急こだまは浜名湖鉄橋上で乗務員が交替していたし、東名高速道を走る高速バス「ドリーム号」も浜名湖に近い三ケ日で運転手の交代を行っている。

　独特な地形が静岡地方の地方私鉄は独特な発展させた。富士川など4大河川にはそれぞれ私鉄が生まれた。富士川には富士身延鉄道、のちのJR身延線、安倍川には安倍鉄道、ただし唯一の軽便鉄道だった安倍鉄道はとうの昔に姿を消している。大井川にはその名もずばり、大井川鐵道がある。現在過疎地の私鉄として唯一頑張ってきた大井川鐵道には声援を送りたい。天竜川沿いの鉄道は豊川、鳳来寺、三信鉄道、伊那電気鉄道の手により全長200キロメートルに近い、後の飯田線の路線が完成し、東海道本線と中央本線を連絡した。このうち出馬〜小和田間28.4キロメートルは静岡県内を通過する。

　また平坦で肥沃な土地も多く、それらの地域の集落を結んで簡易な軽便鉄道も多く発達したが、いまはすべて廃止され、現在、健全経営を誇る民営鉄道は、静岡市と浜松市の通勤・通学を担う、静岡鉄道静岡清水線と遠州鉄道西鹿島線だけになった。

　本書ではこれらの静岡県を走る、あるいは走った鉄道、軌道をできる限り網羅して掲載した。その結果、新幹線から森林鉄道、それに今は全部消えてしまった馬車鉄道や人車鉄道もその対象に加えた。

2019年5月　髙井薫平

駿河灘に沿って走る普通列車。東京を出て3時間、現在の「のぞみ」ならば姫路に差し掛かる頃、車窓に駿河湾が広がる。付近には東名高速道路が作られ、この光景は見られなくなった。◎由比付近　1957(昭和32)年7月　撮影：髙井薫平

東海道本線（東京〜豊橋）の時刻表（昭和33年5月）

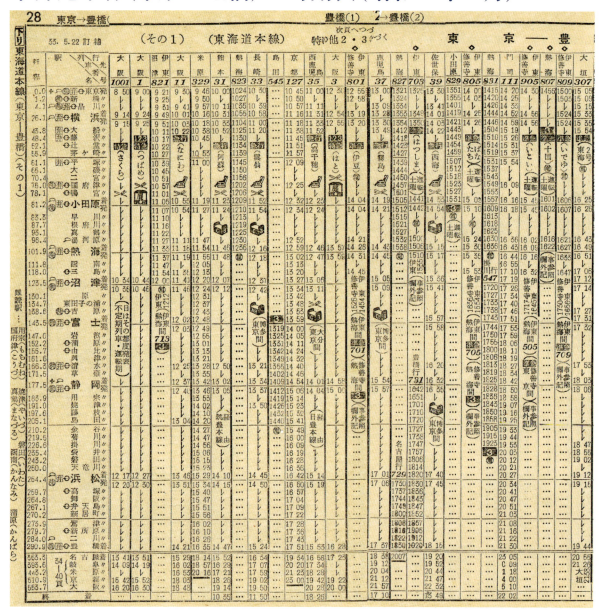

1章
国鉄・JR
(現役・廃止路線)

EF66牽引の上り特急「あさかぜ」。貨物列車削減で余剰となったEF66は1985（昭和60）年から九州特急の先頭に立つようになる。しかし博多行きの「あさかぜ」はその前年に廃止されて下関行きが残るのみだった。
◎金谷〜菊川　1996（平成8）年5月　撮影：齋藤 晃

無事故の記録が続く「世界の新幹線」

東海道新幹線

とうかいどうしんかんせん

路線DATA

区　間	東京〜新大阪　515.4km	
駅　数	17駅（静岡県内6駅）	
軌　間	1435mm	
動　力	電気（交流25000V）	
開業年	1964（昭和39）年10月1日	

2018年に試作車が完成したN700S。モーターや制御システムなどに新機軸を盛り込み、軽量化と性能向上を狙っている。外観上は大きな変化がないものの、先頭部がデュアルスプリームウイングと称するスタイルに変わり、流れるようなSラインが特徴。◎2006（平成18）年8月19日

　2019年10月に東海道新幹線は開通55周年を迎える。今から半世紀以上も前、輸送力が限界に近づいた東海道本線の将来、さらに1964（昭和39）年のオリンピックが東京で開催されることが決まって、日本の大動脈の輸送力をどうするかが国家を挙げての課題になっていた。

　1067mmで開通して全国に路線を伸ばした日本の国鉄にとって、1435mmの広軌高速鉄道の計画は戦前からあり、大陸連絡の構想を含めて弾丸列車計画は1940（昭和15）年に承認されて翌年には着工の運びとなった。この計画は東京〜下関間に広軌の新線を建設するものだったが、工期15年と設定され、工期のかかるものから着手された。動力は電気および蒸気で貨物列車も時節柄用意されていたが車両の試作は行われなかった。

　ルートは東海道新幹線において「関ヶ原越え」となった箇所が「鈴鹿越え」であったことを除けば、ほぼ弾丸列車計画と同じコースをたどった。まず丹那トンネルや日本坂トンネルなどが着工され、東海道新幹線建設のときに転用されている。日本坂トンネルなどはほとんど完成していたので在来線が暫く使用し、新幹線建設の際に再び広軌用に戻している。

　車両の大きさも弾丸列車構想のものにほぼ沿って新幹線に採用され、1435mm軌間の車両としては世界最大クラスの車両限界を採用した。その結果、車両幅3400mmという巨大な車両が、我が国の新幹線の基準になった。

　東海道新幹線は東京〜新大阪間515.4kmであるが、並行する東海道本線に揃えて552.6kmが運賃の基準になっている。「新幹線」は在来の東海道本線の線増というかたちで計画が進められ、「新幹線」という言葉も当初、「東海道高速線」と呼称されていたが、その後、英文の呼称に合わせて「新幹線」となった。

　静岡県内での新幹線は熱海から豊橋の手前の県境までおよそ190kmに熱海、三島、新富士、静岡、掛川、浜松の6駅がある。このうち開業時からの駅は熱海と静岡、浜松の3駅だったので、その後に倍増したことになる。東海道新幹線を走る「のぞみ」「ひかり」「こだま」の3種類の列車のうち、一部の「ひかり」が熱海、三島、静岡、浜松に停車するが、「のぞみ」はすべて停車しない。そのため静岡県で新幹線といえばやはり「こだま」である。「こだま」は毎時2〜3列車が運転されているが、ホームに待つ静岡の人たちは頻繁に運転される「のぞみ」の通過を「羨望の眼差し」で見送っている。

試運転の時代

　1956（昭和31）年に国鉄に設けられた「東海道線増強調査会」がスタートし、その答申により、1958年には軌間1435mm、広軌複線鉄道、交流電気方式、曲線半径2500m以上、勾配1000分の10以下、広軌別線、総工費1948億円という答申がまとめられた。この答申を受けて、国鉄内に1958（昭和33）年4月、「幹線建設基準調査委員会」が設けられて計画がスタートを切った。車両はすでに実績のある電車方式とし、車長25m、幅3.4m、車高4.5mという巨大な車両になった。

東海道本線の鴨宮駅近くに実験線というべきモデル線32km（最終距離）が作られ、1962（昭和37）年2両編成のA編成、4両編成のB編成が投入された。当初は1000形といわれ、当時の車両メーカー5社が参加した。試験線では様々な試験が行われ、1963（昭和38）年6月にはB編成を使った高速試験で256km／hを記録した。1964年2月にはC編成として、0系の量産先行車両6両が投入され、試験が続けられた。試験終了後にはA編成とB編成は事業用車両に改造されて新幹線完成後も使用された。

0系新幹線車両

新幹線最初の電車であり、ダンゴ鼻の新幹線電車として一世を風靡した。最初にC編成6両を含めた12両編成30編成、計360両が製作され、1964（昭和39）年10月1日の東京〜新大阪間515kmの開業に備えた。

0系新幹線電車はMM'方式の全電動車方式で高圧引き通しを設けなかったこともあり、1両おきにパンタグラフを持ち編成で6個（のちに8個）のパンタグラフからスパークを上げながら210km／hで疾走した。最初から半室のビュッフェを設けていた。さらに運転区間の延伸に伴い「ひかり」には全室の食堂車も連結された。一般車のシートは2席・3席とも一体の転換式であったが、博多開業時に簡易リクライニングシートとなった。

0系電車は1976（昭和51）年まで、22年間38次車まで改良を重ねながら製作され、延べ2338両が製作された。

100系新幹線車両

100系は0系に代わるものとして1985（昭和60）年から1992（平成4）年にかけて66編成、1056両が製作された。初めてT車（付随車）を含む編成になり、12M4T編成になった。当初、先頭車と中間の食堂車とグリーン車1両が付随車である。その後、国鉄は民営化されるが、JR西日本のグリーン車3両と食堂車の4両がT車となり、ダブルデッカー4両が並ぶ。その代わりに先頭車が電動車になっている。2000（平成12）年11月に全車が廃車となった。

300系新幹線電車

0系新幹線車両の置き換えとスピードアップを目途に、1990（平成2）年、先行試作車が生まれた。これまでの新幹線車両に比べ、空気抵抗の低減や低重心化、軽量化が図られ、制御装置も新幹線電車としては初めてVVVF制御、交流モーターが採用された。最高速度も50km／hに引き上げられ、「ひかり」に変わる新幹線の顔として、1992（平成4）年に「のぞみ」が登場した。300系では「ビジネス特急」の色彩が強くなり、100系まで築き上げられてきた食事提供の設備が一切なくなった。その一方で普通車の3人掛けの真ん中の席（B席）は幅が30mm広くなっている。また、供食設備廃止を補う意味で、車内販売の充実が図られた。

また、紙コップを備えた冷水器が廃止され、この傾向はJRの在来線全体に広がった。

300系は1998（平成10）年までJR西日本の9編成を含めて70編成が投入され、0系はすべてが廃車となった。その後、700系とN700の投入により、2012（平成24）年3月のダイヤ改正で引退した。

700系新幹線電車

1999（平成11）年から営業を開始したシリーズで、0系と100系を置き換える目的の車両である。300系の改良型で最高運転速度は285km／hになった。JR西日本の分を含めて16両編成75編成、山陽新幹線専用の8両編成（JR西日本）16編成、合計1328両が誕生した。その後N700系が誕生して置き換えが始まっており、東海道新幹線上から姿を消す日は近い。

500系新幹線電車

JR西日本が主に山陽新幹線での使用を目的に、1996（平成8）年に投入した最高速度320km／hを誇る新幹線電車。16両編成9本、144両が製造された。発注単位が少なかったので、これまでの新幹線車両と異なり、編成単位の発注ではなく、車種別の発注方式を採用した。スタイルは航空機を思わせて丸く、先頭はとがっていた。

「のぞみ」として東海道新幹線にも乗り入れたが、先頭部に出入り台がなく、また車体断面が円形であることからA席とE席の居住性は良くなかった。山陽新幹線内では300km／hで走行したが、N700系の投入が始まり2010（平成22）年2月に東海道新幹線からは撤退し、現在は山陽新幹線区間で「こだま」として数列車に使用されている。

N700系新幹線電車

JR東海と西日本共同開発による700系の後継車種である。500系に比べ最高速度を285km／hに抑え、汎用的性能を充実させた。2005（平成17）年3月に先行試作車が作られて以来、量産車として増備を続けてJR東海113編成1808両、JR西日本16両編成25編成、九州乗り入れ用の8両編成19編成計552両、それにJR九州でも8両編成・11編成88両が登場した。

2013（平成25）年にN700の安全性と信頼性を向上させたN700Aが登場、その後在籍するN700に追加改造工事を行って性能を揃えた。改造車の700Aとの違いは、台車振動検知システムが取り付けられていないほか、車内設備に若干の際は見られるが、車体側面のステッカーに「A」の文字が小さく追加された。2017（平成29）年には、N700Aの後継車種も軽量化と省エネルギー化を図った「N700S」として発表され、2018（平成30）年に試作車が完成して試運転を実施、2020年には量産車が投入される予定になっている。

鴨宮の試験線に入った軌道試験車。低速で自走できるが本線では0系電車に牽引されて軌道試験に供した。「元祖ドクターイエロー」であり、黄色に塗られていた。◎鴨宮基地　1963（昭和38）年4月5日　撮影：田尻弘行

初代ドクターイエロー。開業を3か月後に控え、試験車A編成を改造した軌道検測車が活躍していた。◎浜松　1964（昭和39）年5月　撮影：髙井薫平

東海道新幹線・熱海駅が存在しなかったかもしれなかった話

　戦前の「弾丸列車計画」が、現在の東海道新幹線建設の基になったことは、多くの人が知っている事実。その中でも、最大の難工事が予想されたのが現在の「新丹那トンネル」がある区間だった。このルートが決定するまでには以下の3ルートが比較検討され、最終的に現行の丹那隧道併行路線が選ばれた。

(1) 現行丹那隧道併行路線（在来線に併行する路線）
(2) 湯河原路線（湯河原から日金山を貫き、函南町大竹に至る最短路線）
(3) 玄岳路線（熱海から南寄りの玄岳北部を貫き、沼津駅に至る路線）

　この路線決定までの経過は、鐵道省熱海工事事務所発行の「新幹線丹那隧道研究会記録（非売品・昭和17年9月30日発行）」に詳細に記録されている。したがって、「湯河原路線」で弾丸列車の工事が進められれば、熱海駅ではなく、まさに湯河原駅が伊豆の玄関口となったかもしれない。現在は伊豆温泉郷の一つとして、観光ポスター等で「伊豆湯河原温泉」としてアピールしているのにも何か因縁めいたものを感じる。

（太田 修）

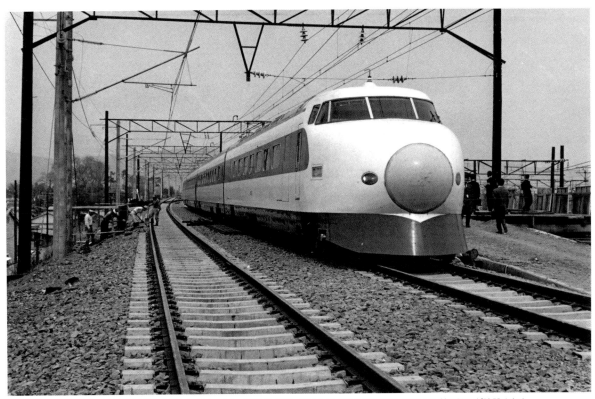

「東海道線増強調査会」が1956（昭和31）年にスタートし、具体化の第一歩として、鴨宮を起点としてモデル線12kmが建設された。
◎鴨宮基地　1963（昭和38）年4月5日　撮影：髙井薫平

1964（昭和39）年10月の開業を目指して、乗務員の教育と関係者、地元住民を招いて試乗会が東京〜浜松間などで行われた。◎浜松駅　1964（昭和39）年8月　撮影：髙井薫平

東京〜新大阪を実際の営業ダイヤに合わせて試運転された「こだま851号」に乗車。車内で握手する「新幹線の生みの親」十河信二前国鉄総裁と後任の石田礼助国鉄総裁。右は島秀雄前国鉄技師長。◎静岡駅付近　1964(昭和39)年8月24日　提供：朝日新聞社

浜松工場における0系新幹線の全般検査。初期の車輌の全般検査は在来線のそれを倣ったものだったが、現在は大幅な合理化、近代化が進んでいる。浜松工場は1912(大正元)年に鉄道院(後の国鉄)浜松工場として開設され、蒸気機関車の検修が中心だったが、現在ではJR東海の新幹線車両全車両の全般検査や車両検修を行っている。◎1971(昭和46)年9月2日　提供：朝日新聞社

500系はJR西日本が独自に開発した車両。その斬新なスタイルとスピードで人気があったが、座席配置など使い勝手の悪さから東海道新幹線での活躍期間は短かった。
◎静岡〜掛川　2008(平成20)年8月18日

熱海駅ですれ違うN700系。

JR東海 浜松工場

　浜松市にあるJR東海の浜松工場は1912(明治45)年に操業を開始し、かつて蒸気機関車も新造した国鉄屈指の車両整備工場である。JR東海に引きつがれてからは全面的な近代化が行われ、現在はその機能を新幹線車両の整備にほぼ集中している。

　新幹線開業に際し1962(昭和37)年に新幹線車両検修工場の指定を受け、1965(昭和40)年から検修業務を開始、車両の近代化に伴い設備の改善を行ってきた。現在、東海道新幹線の車両は700NA系に統一が進んだが、さらに効率を高め、検修工期を15日間から14日に短縮するため、工場のレイアウトを全面見直して全面的改修が進められている。このことにより新幹線車両専用の保守工場に変貌し、在来線の車両を対象にした検査業務は終了して新幹線車両専用の保守専用工場になった。

富士のすそ野を行くJR西日本の100系。JR西日本V編成は先頭車を電動車にしてグリーン車3両と、食堂車をダブルデッカーにした編成で登場した。◎三島〜新富士　1994(平成6)年　撮影:長谷川明

東海道・山陽新幹線のエースN700系。大所帯を構成する花形列車である。
◎2018(平成30)年11月11日

熱海駅を通過する300系。狭隘な場所に作られた熱海駅は通過線のない東海道新幹線唯一の駅である。トンネルに近く、ホームから望遠レンズで通過列車を狙う。
◎2010(平成22)年12月31日
撮影:隅田 衷

浜名湖を渡る「のぞみ」。300系「のぞみ」の登場は、新幹線のスピードアップのきっかけになった。◎浜松〜豊橋　撮影：長谷川明

浜名湖付近を走る500系。◎2006(平成18)年8月19日

100系電車。東海道新幹線のアイボリーとブルーの塗色は0系以来基本的に変更はないが、窓周りまでブルーに塗られたのは0系とこの100系までで、その後の車両はブルーのラインに変わっている。100系の窓部に塗られたブルーに細いアイボリーのラインが見られその変化が見られる。

大幹線から偉大なる通勤路線に

東海道本線
とうかいどうほんせん

路線DATA	
区　間	東京〜神戸　589.5km（県内区間は熱海〜新所原　177.8km）
駅　数	183駅（県内区間は40駅）
軌　間	1067mm
動　力	電気（1500V）
開業年	1889（明治22）年4月6日

EF651000が牽引する寝台特急「みずほ」。
◎三島〜函南　1981（昭和56）年10月10日　撮影：高橋義雄

　東海道は京都と江戸を結ぶ屈指の街道であり、安藤広重の版画『東海道53次』でも有名である。江戸時代、徳川家光のときに定められ、地方の大名の江戸幕府への参勤交代の大集団が通った街道である。国の近代化の波により、ときの政府が最初の鉄道を東京と京都・大阪の間に敷設しようと考えたのは当然の成り行きであった。

　1872年（明治5年）6月12日、品川〜横浜間（23.7km）が旅客線として仮開業。品川〜横浜（初代、現在の桜木町駅）が開業した。同年10月14日（9月12日）、新橋〜横浜間（28.9km）が正式開業し、この日10月14日が鉄道記念日に定められた。

　1877（明治10）年旧暦7月11日：横浜駅（初代）〜国府津駅間（49.8km）が延伸開業、静岡県に近づいたが、箱根の山に阻まれて御殿場経由で線路は延びていった。この御殿場経由を除き東海道本線の路線はほぼ東海道に沿って作られ、駅の所在地も一部の例外はあるものの当時の宿場に近い場所に設けられている。なお東海道線の線路は最初から複線で作られた。

　1889（明治22）年2月1日に御殿場、沼津経由で国府津〜静岡間（114.8km）が延伸開業。4月16日、静岡駅〜浜松駅間（76.3km）が延伸開業した。関西からはすでに浜松まで路線は伸びており、この時点で、長浜駅〜大津駅間は琵琶湖の水路を用いることで、関東から関西までの輸送路が一応完成した。

　東海道本線建設の難所として後回しになった国府津〜沼津間の建設はまず国府津〜熱海間「熱海線」の建設が始まり、続いて本命の熱海〜三島間の丹那盆地の下を抜ける丹那トンネルの建設に着手した。1918（大正7）年3月21日起工式、当時の最新技術を駆使して工事は行われたが、トンネルの上に当たる丹那盆地から大量の湧水が発生、多くの水抜き坑を掘って対応したが多くの犠牲者が出た。トンネル内にあふれ出た水の量は箱根の芦ノ湖3杯分だったという。当時考えられる技術を駆使して工事は進められ、1933（昭和8）年6月17日に貫通、翌年11月30日に最初の列車がトンネルを抜け、翌12月1日に正式開業となった。

　丹那トンネルの山側には新幹線の新丹那トンネルがあるが、これはかつての弾丸列車計画の工事を引き継いだものであり、同じようなケースに日本坂トンネルがある。この日本坂トンネルは一時東海道本線用として使用、その後新幹線に再転用されている。

　東海道本線は静岡県に入ると、富士川（128km）、安倍川（53.3km）、大井川（168km）、天竜川（213km）と大河を渡る。それぞれ河口は広く富士川橋梁571m、大井川橋梁は上り、下り線とも1000mを越える。

　電化は積極的に行われ、まず1925（大正14）年に東京〜国府津間が電化されている。このために欧米から電気機関車を数種類輸入して、その後の電気機関車の国産化に資料を提供した。当時は主にトンネル区間のある路線が優先的に電化の対象になっている。丹那トンネルの開通により沼津まで電化区間が延びたが、戦前の電化区間は沼津までで、戦後再開されて、静岡、浜松と電化区間は伸びていき、1956（昭和31）年東海道本線全線電化が完了した。

　新幹線が開通するまでのほんの短い時期、東海道本線には「こだま」「つばめ」などの14往復の電車特急が走り、夜に東京を出る大阪・神戸行の寝台急行は7列車、夜行電車急行も3往復を数えた。しかし、東海道新幹線が開通すると電車特急は東海道から去り、夜行のブルートレインと一部の長距離の夜行寝台は残ったものの輸送力の大勢は新幹線に移った。

　湘南電車が登場して、電化の進捗により、一部の普通列車は豊橋まで延長された（東京発7：34、豊橋着13：41、豊橋発14：30、東京着20：41）の1往復、車両は80系元祖湘

南電車だが、その後、111系・113系や153系の間合い利用になった。また富士電車区に横須賀線から転属してきたクモハ14など50両が属していた身延線用の一部車両を本線にも活用し、旧型国電による列車が富士〜島田間を中心に走り出した。

また1955（昭和30年）年、東京〜名古屋間に登場していた準急「東海」は最初スハ43系による客車列車であったが、1957（昭和32）年10月、80系300番台の登場で電車化され、翌1958年10月には初めての夜行準急電車が登場、本数も増えた。1959（昭和34）年4月のダイヤ改正から153系に置き換えられた。これはその後「ムーンナイトながら」に引きつがれていく。

1958（昭和33）年には20系（151系）による特急「こだま」が登場、その後客車特急「つばめ」「はと」の展望車に代わるパーラーカーや本格的食堂車なども登場して、1964（昭和39）年10月の東海道新幹線開業まで続いた。東海道本線の最も華やかだった5年間であった。

現在、静岡県下の東海道本線を走る特急は支線に入る数列車のみであり、夜行寝台列車は四国と山陰と東京を結ぶ「サンライズ」1往復のみになった。東京〜大垣間の輸送の主役であった「東海」は373系を使って特急に格上げされていたが2007（平成19）年3月のダイヤ改正で特急「東海」は廃止され、間合い運用で使用されていた「ムーンライトながら」も使用車両がJR東日本のものに変わった。この結果373系の定期運用は身延線の「ふじかわ」、飯田線の「伊那路」に残るのみとなった。

JR東海では沼津、静岡、浜松間は通勤路線と位置づけているのか、全体にクロスシートカーの多いJR東海には珍しく、圧倒的にロングシート車が多用され、トイレのない編成も少なくない。編成は3両編成が多いが、これを2編成連結したり、2両編成と組み合わせて走っていて、かつて栄華を誇った東海道本線は通勤路線に変貌している。

東海道本線の車窓①

東京からの東海道本線は、熱海を境にJR東日本からJR東海に引き継がれる。現在、下り列車は伊東線に入るか熱海止まりが多く、JR東日本からJR東海に乗り入れる三島・沼津方面行の列車は非常に少なくなっている。

熱海から先（静岡方面）の各駅停車は3両編成か多くても6両編成である。東京方向からの列車は15両で到着するので、時間帯によっては着席率が厳しくなる。このことはJR西日本からの接続を引き受ける米原駅でも見られることである。車両は211系か313系であるが、211系だけの編成にはトイレの設備がない。新幹線中心の営業方針に軸足を置くJR東海の、在来線に対する姿勢にすこし疑問を感じることもある一瞬だ。

熱海を出ると間もなく全長7,804メートルの丹那トンネルに突入する。1913（大正2）年着工、紆余曲折の難工事で60余人の犠牲者を出したが、1934（昭和9）年に最初の列車が走った。複線のトンネルは直線のため、目を凝らすと入ってきたトンネルの入り口が最後まで遠くにぼんやり明るい。トンネルを抜けるとすぐに函南、到着前の左手に函南口の犠牲者36名の工事犠牲者の慰霊碑が見える。

函南は山間の駅といった感じで右手遠くに新幹線が快走する。函南〜三島間は緩い下り勾配の山間を走る。三島は新幹線との共用駅だが、かつて三島には操機区と呼ぶ保線基地があり、操重車とともに宿泊用の雑形客車や寝台車の改造車が見られた。またレーヨン工場の引き込み線もあり、B-Aという面白い軸配置のディーゼル機関車がいた。

一次型80系と伊東線クハニ67。この頃の伊東線には専用ホームがなく、東海道本線のホームから発着していた。車両は42系が主体であり、荷物車が連結されていた。
◎熱海　1958（昭和33）年3月
撮影：荻原二郎

熱海 あたみ

- **起点距離**：104.6km（東京起点）
- **開業年月**：1925（大正14）年3月25日
- **乗車人数**：15,440人（JR東日本・JR東海合算）(2017年)
- **駅の構造**：地上駅
- **通過路線**：東海道新幹線で唯一通過線を持たない「のぞみ」の通過駅で、ホーム上に安全柵が開業当初から設けられた。
- **ホーム数**：3面5線（新幹線2面2線）
- **乗り換え**：在来線、新幹線相互乗換のほか、伊東線（伊豆急行に乗り入れ）があるが、東海道線上のJR東日本とJR東海2社の境界駅であるが、ローカル列車は乗り継ぎのホームが変わることが多く、乗り換え客にはやや不便である。
- **駅の設備**：駅を出ると箱根など観光地行きのバスターミナル、土産物屋、温泉旅館の看板などが目に飛び込んでくる。現在、駅舎や駅前も整備され、駅ビルや大きな足湯の設備もできた。駅前広場も二層構造になったが、かつて国府津まで走っていた軽便鉄道の小さな蒸気機関車は場所を移して展示されている。
- **駅弁など**：歴史のある「鯛めし」「小鯵の押し寿司」の他、近年は豪華な駅弁も多い。
- **観光など**：熱海といえば何より温泉である。レジャーの多様化から低迷した時期もあったが、近年は新しい温泉ブームに乗って息を吹き返しつつある。伊豆観光の入り口としての役割も小さくない。

　熱海駅は我が国の代表的温泉地の一つである熱海温泉を擁する伊豆箱根観光の玄関口である。熱海温泉は古くから栄えた温泉場であったが、小田原からの道は海沿いの地域では厳しい海岸線にはまばれ、また熱海から先は丹那山地にはまばれて丹那トンネルが通じる1934（昭和9）年まで、東海道本線は熱海を避け、箱根山の後ろ側に位置する御殿場経由であった。それまで熱海への道は熱海軽便鉄道に頼っており、熱海駅前におかれた熱海軽便の蒸気機関車がその歴史を観光客に伝えている。熱海軽便鉄道の熱海駅は現在の熱海駅からかなり海岸に向かって温泉旅館街を下ったところにあり、ホテルの前に記念碑がたてられている。

　国鉄分割民営化後、東海道本線は熱海でJR東日本からJR東海に引き継がれる。現在、東京からの下り列車は伊東線に入るか熱海止まりが多く、JR東日本から熱海以遠、JR東海に乗り入れる沼津行き列車は非常に少なくなっている。

　熱海で接続するJR東海の普通列車は3両編成が多くとも6両編成である。東京方向からの列車の多くは15両編成で到着するため、時間帯によっては着席することが難しくなる。

　熱海は日本を代表する温泉を中心にした観光地で、古くから首都圏の奥座敷として賑わったが、近年は日帰り温泉の利用客も多いようだ。人口は約37,000人、最盛期は50,000人を超えており、就業人口の85パーセントが第3次産業に関わっていた。

　新幹線の熱海駅のホームは在来線の山側に作られているが、地形の関係から待避線を作る場所がなく、東海道新幹線の駅の中で唯一通過線が設けられていない。そのためホームには頑丈なホーム柵が設けられている。駅舎は海側にあり、熱海の温泉場に対峙する。狭い駅前を改良するために2014年の秋から駅舎と駅前広場の改修工事が行われていたが、2016（平成28）年には駅ビル（ラスカ熱海）と大きな足湯が完成した。かつて正面に置かれていた熱海軽便鉄道のミニ機関車は、展示場所が少し移動したものの健在である。ただ駅構内の地下通路の狭さは以前のままである。

1950(昭和25)年4月13日に発生した熱海大火前の熱海温泉旅館街。木造3階建てなどの旅館が建ち並んでいる。◎撮影：Dimitri Boria

ED102が牽引する東京発伊東行きの旅客列車。◎熱海駅
1939（昭和14）年9月12日
撮影：荻原二郎

153系と並ぶ155系修学旅行列車の「きぼう」。首都圏と関西圏の修学旅行用専用電車として153系をもとに作られた155系。車内は2席＋3席の5人掛け、台車は空気ばねではない。東京方が「ひので」、関西方は「きぼう」と愛称が決まった。往路昼行、帰路夜行列車で運転された。
◎1960（昭和35）年6月4日
撮影：荻原二郎

熱海の海岸に並ぶ観光バス（当時は遊覧バスといった）。◎撮影：Dimitri Boria

熱海軽便鉄道の蒸気機関車は自重4トン程度の小型機関車で、15両ほどがあった。たまたま国鉄鷹取工場の教材として残されたので、現在に残る貴重な存在となり、今は熱海駅前に安住の地を得た。◎2018(平成30)年10月　撮影：髙井薫平

新装なった現在の熱海駅。2016(平成28)年11月、長らく工事中だった熱海駅の駅ビルが完成し、「ラスカ熱海」として営業を開始した。

観光客等で大賑わいの熱海駅前。箱根登山鉄道自動車部のボンネットバス等が多数停車している。駅はこの写真の撮影から約30年前の1925(大正14)年に国鉄熱海線の終着駅として開業した。◎1955(昭和30)年　提供：朝日新聞社

函南 かんなみ

- **起点距離**：114.5km（東京起点）
- **開業年月**：1934（昭和9）年12月1日
- **乗車人員**：1,856人（2017年）
- **駅の構造**：地上駅
- **通過路線**：本線上の通過線はないが構内は広く、上り下り両側に側線がある。
- **ホーム数**：1面2線
- **乗り換え**：無
- **駅の設備**：駅員が配置されている。自販機は置かれているが売店は無い。
- **駅弁など**：無
- **観光など**：観光地としては国民保養温泉に指定された畑毛温泉や新しく作られた日帰り温泉施設（湯〜トピアかんなみ）があり、駅前からバスの便がある。その他、丹那トンネルの坑口近くに函南口の犠牲者36人の慰霊碑が置かれている。新幹線の新丹那トンネル建設の時、作業員の宿舎のあった場所は宅地になり、地名も「函南町新幹線」という。

　熱海を出発した下り列車は、間もなく全長7,804メートルの丹那トンネルに突入する。1913（大正2）年に着工して紆余曲折の難工事により60余人の犠牲者を出したが、1934（昭和9）年に最初の列車が走った。この東海道本線の名所の一つ丹那トンネルを抜けたところにある駅が函南である。丹那トンネルは直線で目を凝らすと入ってきたトンネルの入り口が最後まで遠くにぼんやり明るい。トンネルを抜けるとすぐに函南、到着前の左手に函南口の丹那トンネル建設工事犠牲者36名の慰霊碑が見える。函南は山間の駅といった感じで右手山側遠くに新幹線が快走する。

　工期17年を要した丹那トンネルの三島方の建設事務所が置かれた。駅は最初信号場として設けられた。当初は信号場扱いだったが、まもなく旅客営業を開始した。東海道本線の駅では唯一「町」が自治体である。駅は函南町の北東のはずれに位置し、今も人家は少ない。国民保養温泉地に指定されている畑毛温泉・奈古谷温泉の下車駅で1日数回のバスの便がある。

丹那トンネルを抜けたところにある高台の駅で、函南の市街からはかなり離れている。本来は丹那トンネル建設の大阪方の基地であり、駅の近くには丹那トンネル建設の犠牲者を弔う慰霊碑がある。◎函南駅　1967（昭和42）年2月23日　撮影：荻原二郎

丹那トンネルを抜け、三島に向かう157系「伊豆」。最初に投入された列車名から「日光形電車」と呼ばれる。◎1966（昭和41）年11月27日　撮影：荻原二郎

EF10が牽く貨物列車。EF10は国府津機関区に配置され、東海道本線の貨物列車の主力だった。その後、EF15やEH10に置き換わっていった。◎函南　1966（昭和41）年11月　撮影：荻原二郎

三島 みしま

- **起点距離**：120.7km（東京起点）
- **開業年月**：1934（昭和9）年12月1日
  新幹線は1969（昭和44）年4月25日
- **乗車人数**：36,859人（2017年）
- **駅の構造**：新幹線：高架駅、在来線：地上駅
- **通過路線**：新幹線の通過線は他駅と異なり、「こだま」が停車する島式ホームの外側に置かれている。
- **ホーム数**：新幹線：1面2線、在来線：2面4線
- **乗り換え**：新幹線と在来線の相互乗り換えのほか、伊豆箱根鉄道駿豆線が大仁、修善寺を結んでいる。また東海道本線から駿豆線への直通電車は1番ホームの中ごろから一気に駿豆線に乗り入れていく。
- **駅の設備**：新・在線の乗り換えはスムースである。乗り換え口付近には大きな売店もある。三島駅は新幹線の重要基地の一つで、車両基地が新幹線開業時から置かれていた。このため駅を誘致運動が起きて新駅設置第1号となった。現在の新幹線車両基地を出入りする朝の東京方面への始発列車、夜遅くの三島止まりの列車が多く設定されている。
- **駅弁など**：沼津の桃中軒を中心に様々な駅弁が並ぶ。
- **観光など**：かつて宿場町として栄え、伊豆箱根鉄道三島広小路駅が近く、初詣で賑わう三島大社も近い。狩野川沿いの伊豆温泉郷の入り口であり、乗り換え客は多い。そのため、東京から伊豆箱根鉄道への直通列車の設定の歴史は古く、最初は客車列車で、社線内は自社の電気機関車が牽引した。現在も修善寺までの直通特急電車が走る。新しい観光の目玉に2014年に建設された三島ウオークは全長400m、駿河湾や富士山を展望できる歩行者専用のつり橋、三島からバスの便がある。

　丹那トンネルが開通する前、東海道の宿場本陣の置かれた三島の町は鉄道から置き去られた存在であった。当時の東海道本線であった現在の御殿場線に三島駅が設けられたためである。そのため修善寺温泉など狩野川沿いの温泉地への足として1888（明治21）年に建設された豆相鉄道（現・伊豆箱根鉄道）の起点も御殿場線の三島駅を起点とするルートであった。

　丹那トンネルが開通すると豆相鉄道の起点は新しい三島駅に移り、御殿場線の三島駅は下土狩と呼ばれるようになる。さらに新幹線の新駅が1969（昭和44）年開業すると、新幹線が停車しない沼津の機能は減少し、この地方の東海道本線の主要駅の座が三島に移ることになり、沼津との力関係は逆転した。

　1970（昭和45）年の大阪万博の折、大阪から三島行きの夜行列車が設定され、三島で新幹線に乗り継ぐ万博輸送列車が設定されていた。現在、三島駅は新幹線との共用駅だが、かつて三島には操重車を有する保線基地があり、作業員が長期滞在に備えて使用するためのいろいろな雑形客車や食堂車改造車が見られた。またレーヨン工場の引き込み線があったが2007（平成19）年5月に廃止され、2008年のダイヤ改正で貨物の扱いは廃止された。

三嶋大社の門前駅らしく、富士山と社殿の姿をほうふつとさせる三島駅の南口駅舎。現在の東海道線上に二代目の三島駅が誕生するのは1934（昭和9）年で、比較的新しい存在である。
◎三島駅　1963（昭和38）7月20日　撮影：荻原二郎

現在の三島駅

沼津 ぬまづ

- **起点距離**：126.2km（東京起点）
- **開業年月**：1889(明治22)年2月1日
- **乗車人数**：20,941人（2017年）
- **駅の構造**：地上駅
- **通過路線**：無
- **ホーム数**：3面6線
- **乗り換え**：御殿場線
- **駅の設備**：沼津駅は戦火を含め4度火災に見舞われ、改築されえているが、2つある跨線橋を含め、やや陳腐化した雰囲気である近く高架化工事が開始される。
- **駅弁など**：かつて機関車の付け替えで長時間停車し、東京から乗ってきてお腹の減る時間帯で、桃中軒による駅弁が発達した。鯛メシが有名。
- **観光など**：西伊豆の入り口ではあるが、こちらからの入り込みは少ないようだ。駅前はすっかり整備されてかつての電車道の面影はない。浜松港の魚市場付近は買い物客で賑わう。特に新鮮な魚介類を使った「沼津みなと寿司」の人気は高い。

　丹那トンネル完成まで、東海道本線であった御殿場廻りの起点ともいえる駅であった。丹那トンネル完成後は東京から列車を牽引してきた電気機関車を蒸気機関車に付け替える重要な駅であり、戦後復活した特急「つばめ」や「はと」は横浜を出ると最初の停車駅であった。ちなみに東京からの所要時間は1時間49分で、2分間の停車時間で電気機関車を蒸気機関車に交換して西に向かった。もちろん急行列車もすべて停車し、隣の三島駅に比べて優位に立っていた。伊豆の観光地に向かう航路も沼津港からあり、土肥、松崎方面への貴重なルートであった。当時は大きな機関区や貨物列車の操車場もあり、新幹線開通前の東海道本線の主要駅の一つであった。機関車の付け替えは電化区間が延びて1949(昭和24)年2月、静岡駅へ延伸するまで続いた。

　かつて駅前から隣町三島に通じる伊豆箱根鉄道三島軌道線の路面電車が走っていた。また沼津港（蛇松）まで臨港線が1888(明治21)年建設された。最初は東海道線建設資材を運ぶ非営業線だったが、1899(明治32)年6月、沼津港の機能が向上すると正式な貨物線になったが、1974(昭和49)年9月1日廃線になった。

　沼津港の規模も大きく、漁港としての機能も大きいが、港周辺には寿司屋や海鮮料理や土産物屋が並び、駿河湾の生物を集めた水族館もあって観光客を集めている。

　旅客駅の西側に広く、かつての沼津機関区は東海道本線の輸送を担う名門機関区であったが今はない。

　沼津の駅のあちこちには戦火を逃れた古いホームが一部残っている。沼津を出るとすぐかつての貨物駅のホームもそうだ。しかし、このあたり現在、都市計画により沼津駅全体の高架化工事がはじまっており、これにより付近の踏切16か所が廃止され、東西の交通が便利になる。また、現在、沼津駅に隣接する車両基地や貨物駅を静岡方向に移動することになっており、完成の時点で特色のない近代的な駅に生まれ変わることだろう。

1953(昭和28)年に民衆駅として竣工した、沼津駅の五代目駅舎(南口)。この3年後に北口が新設されている。現在は駅ビル「アントレ」となり、2階にアントレ改札口が設けられている。
◎沼津駅　1960年代

現在の沼津駅

沼津機関区にはD52も見える扇形庫、新しく配属されたキハ17系気動車、EF56・EF15といった多彩な面々の電気機関車が見られ、後方には沼津の街の家並みが広がる。◎1957(昭和32)年3月　撮影:山梨幸夫

蛇松線

　東海道線の建設用資材を沼津港に陸揚げして輸送するため、1888(明治21)年に作られた沼津臨港線の始まりである。当初、狩野川の右岸(現・港大橋付近)を起点としたが、沼津港(現在の沼津港内港)の完成に伴って、1947(昭和22)年、構内側線はそのままに沼津港駅は移転した。東海道線建設工事終了後は沼津魚市場からの海産物の発送や、漁船の燃料輸送、木材輸送などに使用されたが、トラック輸送に移行し、1974(昭和49)年に廃線となった。廃線後、この貨物支線跡の一部は沼津市によって「蛇松緑道」という遊歩道として整備されている。

沼津港に続く貨物線の跡は、今では緑道として整備されている。
◎2015(平成27)年5月　撮影:髙井薫平

EF55形電気機関車は当時の流行である「流線形」で東海道本線の東京〜沼津間に登場。主に特急「燕」の牽引に当たった。しかし、終着駅で向きを変えなくてはならない不便さから、製造は3両にとどまった。

新聞社の倉庫にあった不思議な写真である。63系電車が東海道本線を走った記録はなく、多分沼津にあった重電メーカーで行った電装工事後の試運転ではないかと推論する。◎沼津駅　1946(昭和21)年　所蔵:毎日新聞社

なかなか切符の取れないビジネス特急「こだま」の救済列車として、準急「日光」用の157系の予備車などを使って東京～大阪間に登場した臨時特急「ひびき」。当初は冷房設備がなかったものの、その後に取り付けられた。

クハ47015。70系電車の投入で余剰になったモハ32の仲間は静岡地区に移り、東海道本線の熱海～島田間の客車列車に置き換わった。
◎沼津　1963（昭和38）年7月20日　撮影：荻原二郎

御殿場線の列車を牽くD52形蒸気機関車。◎沼津駅　1958（昭和33）年2月20日　撮影：久保敏

御殿場線で使用されていたキハ48128（キハ10）。1個エンジンの低馬力ながら、御殿場までの区間列車で使われた。◎沼津駅　1956（昭和31）年3月　撮影：荻原二郎

クハ47155は京阪神間で活躍したモハ43の中間車サロハ66の改造車で、切妻に設けられた運転台は横須賀線から身延線転用の際設けられた。
◎沼津　1963（昭和38）年7月20日　撮影：荻原二郎

クモハ14010。横須賀線の花形だったモハ32は70系の投入により富士電車区に移動し、身延線のほか東海道本線の熱海～島田間にも使われた。東海道本線で使用される車両は低屋根化改造が行われていない。◎沼津駅　1963（昭和38）年7月　撮影：荻原二郎

電車急行「いこま」。特急「こだま」の成功から153系による長距離急行列車が東京～関西圏間に設定された。このころの153系には冷房の設備はなかった。
◎撮影：荻原二郎

片浜 かたはま

起点距離：130.3km（東京起点）
開業年月：1987(昭和62)年3月21日
乗車人員：2,452人（2017年）
駅の構造：地上駅(橋上駅)
通過路線：無
ホーム数：2面2線

乗換路線：無
駅の設備：ホームへのエレベータが設けられている。
駅弁など：無
観光など：近所の観光などはないが、沼津市に通う人たちの住宅地になっている。駅の山側には富士の雄姿が展開している。

沼津を出て南下する最初の駅、国鉄最後の年、1987(昭和62)年3月に生まれた新しい駅で、業務委託駅になっている。駿河湾沿いの国道1号の旧道が車窓左(海側)を通っており、その昔の松林もところどころに残っている。

準急「東海」153系電車は踏切事故対応として1961年から運転台の高さを300mm上げた。高運転台となり、窓も高窓タイプになり、以後国鉄の長中距離電車の標準車両になった。
◎撮影：髙井薫平

特急「こだま」として運用される151系。塗色はクリーム色に窓周りが赤という斬新なスタイルであった。
◎撮影：髙井薫平

原 はら

- 起点距離：132.8km（東京起点）
- 開業年月：1900（明治33）年2月25日
- 乗車人員：2,328人（2017年）
- 駅の構造：地上駅
- 通過路線：待避線（上り）
- ホーム数：2面3線
- 乗換路線：無
- 駅の設備：下りホームの中ごろに改札口と駅本屋がある。
- 駅弁など：無
- 観光など：旧国道1号を挟んで海岸は近く、泣き相撲で有名な長興寺は臨済宗妙心寺派の寺院である。また1707（宝永4）年の富士山宝永大噴火で大きな被害を受けたが白隠慧鶴によって復興された松蔭寺は白隠宗の本山になっており、古い名刹も多い。国道を渡って海岸に出ると美しい海岸線と松林が続く。

　以前は沼津を出て南下する最初の駅だった。かつて貨物扱い駅でセメント中継施設への引き込み線、印刷会社への専用線があったが、すべてが撤去された。貨物鉄道の営業業務も引き継いでいるが、現在は実質的には旅客専用駅で、しかも業務委託駅になっている。開業時に作られた煉瓦づくりのランプ小屋が今も残っている。

江戸時代には、歌川広重が雄大な富士山の姿を描いた原宿が置かれていた。駅の開設は19世紀の最後の年であり、この駅舎は1948（昭和23）年に改築された二代目である。◎1967（昭和42）年2月24日　撮影：荻原二郎

東田子の浦 ひがしたごのうら

- 起点距離：137.4km（東京起点）
- 開業年月：1949（昭和24）年9月15日
- 乗車人員：1,430人（2017人）
- 駅の構造：地上駅
- 通過路線：待避線（上り）
- ホーム数：2面3線
- 乗り換え：無
- 駅の設備：下りホームの中央付近に改札口と駅本屋がある。
- 駅弁など：無
- 観光など：浮島が原自然公園のほか、旧国道1号を挟んで海岸は近く、美しい海岸線と松林が続く。2011年2月に開港した田子の浦港には隣駅の吉原の富士方にあるので、田子の浦港に行くには東田子の浦駅で下車すると1駅余分に歩くことになる。

　戦後、1949（昭和24）年に周辺住民の請願もあって建設、設置された。富士山が駅の背後にあり、見通しは良い。その手前に富士自然観察の会が運営する「浮島が原自然公園」があり、湿原の自然を楽しめる。原と東田子の浦駅の間に新貨物駅の新設予定地が左手に広がっている。沼津駅付近の高架化に合わせてコンテナヤードを移設する計画がある。駅の改築近代化に沿って各駅にエレベータが設置されているのはありがたい。現在は業務委託駅になっている。沼津、富士からの回送列車がこの駅まで来て折り返すことがある。

戦後の1949（昭和24）年の開業で、東海道本線の中では新参の駅である。田子の浦は、万葉集に収録されて小倉百人一首に選ばれている、山部赤人の和歌で有名な、富士山を望む景勝地。◎1967（昭和42）年2月24日　撮影：荻原二郎

現在の東田子の浦駅

吉原 よしわら

- **起点距離**：141.3km（東京起点）
- **開業年月**：1889（明治22）年2月1日
- **乗車人員**：3,358人（2017年）
- **駅の構造**：地上駅（橋上駅）岳南電車に乗り換えるには、富士側の独立した跨線橋を渡る。
- **通過路線**：貨物の取り扱いはなくなって待避線の機能は薄れたが、名残りは残っている。
- **ホーム数**：1面2線
- **乗り換え**：岳南電車。かつて富士大宮に向かっていた馬車鉄道の起点であったが、馬車鉄道は富士身延鉄道に引き継がれて起点が富士に移った。しかし、地元の製紙会社等の要望で、鈴川～入山瀬付近までの区間で馬車鉄道の「根方軌道」が1924（大正13）年7月まで存在した。
- **駅の設備**：ホーム中央部にある階段の上が駅本屋である。貨物の取り扱いはなくなった現在も貨物の発着線が残り（2015年）、JR貨物の事務所が残っている。
- **駅弁など**：無
- **観光など**：特に観光地としての目玉はないが、近年岳南電車沿線に点在する工場の夜景を楽しむツアーなども企画され人気が出ている。また富士山を見るには最適の環境にある。

　数年前まで吉原駅の構内には新聞紙輸送用の有蓋貨車「パワム」が多数停まっていた。しかし、現在はすべてがトラック輸送に変わり、製紙工場から沼津の貨物ヤードまでコンテナで運び出すことになり、2012（平成24）年3月17日をもって貨物営業は廃止されて駅周辺の風景は一変した。吉原から分岐する岳南鉄道（現・岳南電車）はもともと富士山の裾野に展開する製紙会社や自動車部品産業の製品輸送を担うために建設された鉄道で、貨車の出入りが多かった。

　吉原駅の広いヤードはまだ残っているが、岳南鉄道は旅客専業鉄道になり、社名も「岳南電車」と改名した。岳南電車と名を変えて岳南線はすっかり車両の整理が進み、現在走っているのは元・京王井の頭線の電車5両（近く親会社の富士急行から1編成が入線予定）だけになった。電車は吉原を出てしばらく走ると左手に田子の浦港の港湾設備が見え、やがて新幹線が頭上を越えていく。

　以前、吉原は独立した市だったが、1966（昭和41）年に隣接の富士市と合併した。なお吉原駅は以前、駅周辺の地名から「鈴川駅」であった。1956（昭和31）年4月、当時の市名から吉原駅になったが、吉原市の中心は岳南電車で行く吉原本町であり、こちらは旧東海道の吉原宿にも近い。

湘南電車の先頭に立つ。長距離用として生まれた80系は編成が長かったので、のちに短い編成の用途が増えると、制御車が不足した。このためクハ47を転用したり、用途がなくなったサロを制御車に改造して充当した。◎吉原付近　撮影：荻原二郎

吉原駅の駅舎◎1970年代　撮影：山田虎雄

東海道本線の車窓②

　三島から沼津の間はだらだらと屋並みの間を走る。やがて右手からかつての東海道線、御殿場線が近づいてくる。沼津は構内のヤードも広い。以前このあたりに大きな工場があり、クラウスの小型蒸機が入れ替えをしていた。また下り方向右手に重電機メーカーがあって、戦後すぐ63形電車の電装工事をやっていた。沼津を出るとすぐかつての貨物駅のホームが残っている。現在沼津市と都市計画の一環で沼津駅の高架化工事が始まっている。これが完成するとこのあたりの光景は一変するだろう。

＊＊＊

　片浜、原、東田子の浦と、東海道の松林を遠望しながら走る。原を出ると新貨物駅の新設予定地が左手に広がっている。沼津のコンテナヤードを移設する計画がある。原にはかつて専用側線の跡が残る。駅の改築近代化に沿って各駅にエレベータが設置されているのはありがたい。吉原は以前の駅名を「鈴川」といった。岳南鉄道の乗換駅で、岳南鉄道から入る新聞紙輸送のパワムがたくさん止まっていたが、すべてがトラック輸送に変わり、沼津まで運び出すことになって、空っぽの広いヤードが残っている。岳南鉄道は旅客専業鉄道になり、「岳南電車」と改名した。吉原を出てしばらく走ると左手に東田子の浦港の港湾設備が見え、やがて新幹線が頭上を越えていく。

＊＊＊

　富士も側線が多い。かつて身延線は東海道線からほぼ直角に出ていた記憶があるが、今は東海道線と並行にホームがある。富士を出て右手に身延線を分けるあたり、かつての富士電車区があり、スカ線色の旧型国電がたむろしていたが、今は電留線になっている。
　全長571メートルの富士川を渡り、富士川駅に着く。富士川はかつて岩淵といい、日本軽金属蒲原工場の専用線の起点で従業員輸送用の通勤列車を見るのが楽しみだったが、今は専用線自体が取り払われている。新蒲原に近づくと日軽金の大きな工場が見える。もうアルミニュームの精練は行っていないが、発電所への太い送水管の上を通過する。

＊＊＊

　蒲原、由比、興津と駿河湾のすぐそばを走る。かつては線路のすぐ海側に国道1号線が走っていたが、1号線は道幅が広がり、さらにその海側に東名高速道路が通じて、東海道本線の影は薄くなった。このあたりは桜えび漁、シラス漁の拠点で拡幅された国道や高速道の橋脚を取り込んだ漁港になっていて、漁船と軽トラックが同居した不思議な場所である。かつて特急列車華やかなりし頃は、富士山をバックに撮影ポイントであった。

＊＊＊

　興津のトンネルを抜けて少し走ったところに、かつては「袖師」という名の仮乗降場があり、このあたりまで静岡鉄道清水市内線も来ていたが今はともにない。清水は清水港線がなくなってすっかり駅の雰囲気が変わってしまった。
　清水を出るとすぐに静岡鉄道の電車線が複線で近づき、草薙近くまで並走する。静岡鉄道は地方私鉄には珍しく運転本数が多いので、必ず1列車以上に出会う。草薙は静岡の文化の中心のようなところだ。

＊＊＊

　やがて左手から草薙で一度別れた静岡鉄道の電車線が再び近づいて東海道線をオーバークロスして行く。東静岡は新しい駅で、近代的なスタイルの駅舎が印象的、静岡車両区の最寄駅だ。
　静岡駅も高架線になって新幹線駅も併設されている。かつて駅前からお城の方に行く静岡市電というべき静岡鉄道静岡市内線があったが、全長2km余りと規模が小さく今はない。静岡を出ると安倍川を渡る。昔この川の上流方向に軽便鉄道が出ていた。用宗・焼津間にある日本坂トンネル付近はかつて地形的な難所で線路変更が行われ、東海道新幹線建設の時また路線が旧線を通ることになっている。焼津、西焼津と水産加工業の中小工場が見える。焼津には以前20系客車が留置されていて供食設備になっていたが、いつの間にか姿を消した。

富士 ふじ

- **起点距離**：146.2km（東京起点）
- **開業年月**：1909（明治42）年4月21日
- **乗車人員**：8,062人（2017年）
- **駅の構造**：地上駅（橋上駅）
- **通過路線**：無
- **ホーム数**：3面6線（東海道線が3～6番線を使用し、1～2番線が身延線専用になっている）
- **乗り換え**：身延線。かつて身延線（富士身延鉄道）の前身ともいえる富士馬車鉄道が駅前から富士宮に通じていた。
- **駅の設備**：橋上駅であり、駅の南北をつなぐ自由通路が併設されている。
- **駅弁など**：駅弁は沼津の桃中軒が担当している。
- **観光など**：富士の観光地はその名の通り、富士山である。シーズンには富士から富士宮口5合目まで夏季限定で登山バスが走る。

1889（明治22）年の東海道線開通時に、まだ富士駅はなかった。鈴川駅（現・吉原駅）の次は富士川を渡った岩淵駅（現・富士川駅）であった。

1909（明治42）年に富士駅が開業すると、付近に製紙工場が操業を開始した。またこれまで鈴川駅から発着していた富士馬車鉄道（P206参照）が富士駅に乗り入れ、富士宮方面への旅客を運んだ。この馬車鉄道は1920（大正9）年、富士身延鉄道へと引き継がれ、これが現在のJR身延線になった。身延線の富士駅乗り入れは1969（昭和44）年に大改修が行われ、これまでの「東回り」が「西回り」に変更されている。このため、静岡～甲府間を走る特急「ふじかわ」は富士駅で進行方向が変わる。

かつて富士の名古屋方に身延線の電車を受け持つ富士電車区があり、旧型電車の宝庫であったが、現在では電車もほぼ313系に置き換わって静岡運転区に集中配備され、電車の留置線として残るのみである。

旅客ホームの北側にはJR貨物のコンテナホームがあって側線も多い。入換作業用の機関車も常駐している。これまでの吉原駅も貨物取扱設備が他所に移転した感があったが、将来は沼津に建設される新貨物ターミナルに移るものと思われる。

富士市には新幹線の新富士駅がある。在来線と全く接続しない新駅で、東海道本線の富士駅との間には路線バスが走っている。

現在の富士駅

1988（昭和63）年3月13日、三河安城、掛川とともに新しく誕生した新幹線専用の駅である。新富士駅は他線との連絡が無い東海道新幹線では唯一の駅である。
◎2016（平成28）年8月　撮影：後藤宗隆

身延線との分岐点となっている富士駅。人口約25万人の富士市の中心駅だが、新幹線には新富士駅があり、西側の旧・岩淵駅が富士川駅と改称したことで、少々まぎらわしくなった。◎富士駅

153系低窓車による「はまな」。153系の運転台は当初これまでの電車と同じ床の高さであった。同時期に投入された401系交直流電車も同様であった。
◎富士　1961(昭和36)年8月　撮影:小川峯生

東海道本線の混雑緩和用に充当された157系「ひびき」。
◎富士　1964(昭和39)年9月23日　撮影:荻原二郎

なか切符の取れない「ビジネス特急こだま」を救済する、157系を使用した特急「ひびき」。最初は冷房なしの臨車、その後冷房装置もついて季節列車に昇格、さらに定車になった。◎富士付近　1964(昭和39)年9月23日 :荻原二郎

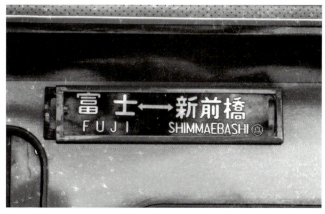

高崎線の新前橋から富士(のちに富士宮)までの直通列車のサボ、当時富士宮にあった宗教団体本山への信者輸送用列車だった。◎1964(昭和39)年2月12日　撮影:荻原二郎

富士川 ふじかわ

- **起点距離**：149.7km（東京起点）
- **開業年月**：1889（明治22）年2月1日
  岩淵駅　1970（昭和55）年6月富士川に改称
- **乗車人員**：1,484人（2017年）
- **駅の構造**：地上駅（橋上駅）
- **通過路線**：無
- **ホーム数**：2面3線
- **乗り換え**：無
- **駅の設備**：戦時中に建設された日本軽金属蒲原工場に資材を送る2.3kmの専用線が建設された。従業員輸送も行っており、木造ボギー客車や古いガソリンカーを改造した客車を小さな蒸気機関車が牽いていた。その後デイーゼル化が行われ、連結式のDF型、4軸連結のDD型などが走った。
- **駅弁など**：無
- **観光など**：富士川の河原に出るには遠い。旧東海道の街道筋にあるが、本陣を置く宿場町からは離れており、本陣近くには1968（昭和43）年10月に新蒲原駅が設けられた。

東海道を下る列車は富士を出ると間もなく、全長571mの富士川を渡り、富士川駅に着く。1970（昭和45）年5月までは岩淵駅とよばれた富士川駅にはかつて日本軽金属蒲原工場の専用線（総延長2.3km）の起点で、従業員輸送用の通勤列車を見るのが楽しみだった。しかし、1984（昭和59）年12月に専用線自体が取り払われ、富士川駅の貨物取り扱いも翌1985年3月に廃止されている。現在も隣の新蒲原に近づくと日軽金の大きな工場が見え、発電所への太い送水管の上を通過する。

現在の富士川駅付近から見た富士山。

1889（明治22）年に開業した岩淵駅は、岩淵村が富士川村（町）になったことで、1970（昭和45）年に富士川駅と改称した。現在は富士市に合併され、市内で富士駅と共存している。◎1964（昭和39）年9月23日　撮影：荻原二郎

岩淵駅が新富士川駅に、駅名変更の告示看板　1970年6月1日改称された。◎1970（昭和45）年5月　撮影：荻原二郎

富士川から分岐する日本軽金属の専用線があり、製ヒニュ層のほか通勤列車もあった。蒸気機関車が使用されたが、デイーゼル機関車に変わった。BAABという珍しいものだが、BA機関車にABのブースターを連結したもの。
◎日軽金清水工場専用線　1965(昭和40)年7月　撮影：山内幸夫

東海道本線の優等列車　1958.3改正(訂補)東京駅発時刻

発車時刻	愛称	種別	行先	使用車両	記事
7:50	東海1号	準急	大垣	電車	
8:50	さくら	特急	大阪	客車	不定期
9:00	つばめ	特急	大阪	客車	展望車付き
9:30	なにわ	急行	大阪	客車	
10:00	阿蘇	急行	熊本	客車	
10:30	雲仙	急行	長崎	客車	
11:00	高千穂	急行	西鹿児島	客車	
12:30	はと	特急	大阪	客車	展望車付き
12:55	伊豆	準急	伊東・修善寺	電車	
13:00	霧島	急行	鹿児島	客車	
13:25	はつしま	準急	伊東	電車	土曜日運転
13:30	西海	急行	佐世保	客車	
14:00	たちばな	準急	伊東・修善寺	電車	土曜日運転
14:30	いこい	準急	伊東・修善寺	客車	土曜日運転
14:55	十国	準急	熱海	電車	土曜日運転
15:00	いでゆ	準急	伊東・修善寺	電車	

発車時刻	愛称	種別	行先	使用車両	記事
15:05	東海2号	準急	大垣	電車	
16:30	東海3号	準急	大垣	電車	
18:30	あさかぜ	特急	博多	客車	
19:00	さちかぜ	特急	長崎	客車	
20:00	明星	急行	大阪	客車	
20:15	銀河	急行	神戸	客車	
20:30	筑紫	急行	博多	客車	
20:45	安芸	急行	広島	客車	
21:00	彗星	急行	大阪	客車	
21:15	瀬戸	急行	宇野	客車	
21:30	月光	急行	大阪	客車	
21:45	さつま	急行	鹿児島	客車	
22:15	出雲	急行	大社・浜田	客車	
22:30	大和	急行	湊町	客車	
23:00	伊勢	急行	鳥羽	客車	

新蒲原 しんかんばら

- 起点距離：152.5km（東京起点）
- 開業年月：1968（昭和43）年10月1日
- 乗車人員：1,511人（2017年）
- 駅の構造：高架駅
- 通過路線：無
- ホーム数：2面2線
- 乗り換え：無
- 駅の設備：業務委託駅（夜間業務は無）
- 駅弁など：無
- 観光など：蒲原宿地区に面していてモニュメントも設けられている。

　駅に近い東海道53次15番目の宿場町、蒲原宿の最寄り駅で、静岡市清水区蒲原町の中心にも近い。本来は蒲原を名乗るべきであるが、東海道本線が開通したとき、駅の設置場所について隣町との折り合いから、宿場跡から離れた蒲原駅が先に設けられ、60年以上たった1968（昭和43）年に宿場跡に近い場所である蒲原町の中心に新蒲原の名で新しく設けられた。この辺り、サクラエビ漁が有名で駅前に出ると目の前にサクラエビ漁100年の記念モニュメントの漁船が置かれている。

富士山をバックに走る列車。富士山は今も昔も変わらぬ麗しい姿で旅人を楽しませてくれる。

現在の新蒲原駅

蒲原 かんばら

- 起点距離：154.9km（東京起点）
- 開業年月：1890（明治23）年5月16日
- 乗車人員：725人（2017年）
- 駅の構造：地上駅
- 通過路線：副本線が残る
- ホーム数：2面3線
- 乗り換え：無
- 駅の設備：業務委託駅（夜間無人）、みどりの窓口あり
- 駅弁など：無
- 観光など：駅の位置が昔蒲原宿のあった場所とは離れてしまい、特に駅周辺には目立った観光地、史跡はない。少し離れた由比駅との中間に東海道広重美術館があるが、所在地は由比町である。

　富士川から興津にかけての地域は山が迫り、鉄道と国道は駿河湾との間の細長い地形の中を走っている。このあたりの蒲原海岸は県下有数の投げ釣りの名所であるが、一方、蒲原海岸は砂の流失が激しく、養浜工事が進められている。海岸の反対側の車窓からは古い家並みも望まれる。駅名は東海道53次の宿場町を名乗るが、53次の蒲原宿は1968（昭和43）年に誕生した隣りの新蒲原駅のほうが近く、駅利用者の数は減少傾向にある。行政区としては現在、静岡市清水区に含まれる。

現在の駅舎に建て替えられる前、木造駅舎時代の蒲原駅である。1968（昭和43）年、東側に新蒲原駅が誕生したこともあり、現在はローカル色の濃い地方駅となっている。◎1962（昭和37）年11月28日　撮影：荻原二郎

東海道本線の準急行券等

所蔵：後藤宗隆

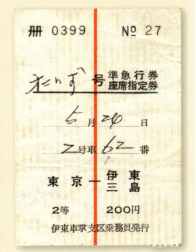

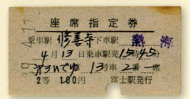
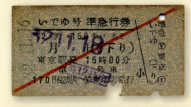

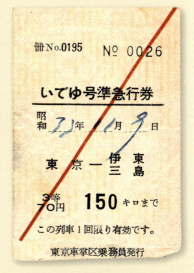

由比 ゆい

- **起点距離**：158.4km（東京起点）
- **開業年月**：1916（大正5）年4月15日
- **乗車人員**：1,587人（2017年）
- **駅の構造**：地上駅
- **通過線路**：待避線はないが、特急「ふじかわ」を待避する際に普通列車は1・4番線に入り、2・3番線が通過線になる。
- **ホーム数**：3面4線
- **乗り換え**：無
- **駅の設備**：委託駅で富士川駅が管理駅になっている。
- **駅弁など**：駅弁は無いが、駅前に「桜えび定食」を供する食堂がある。
- **観光など**：東海道53次16番目の宿場町で、本陣の跡は整備され由比本陣公園になっている。また、静岡市立東海道広重美術館が由比本陣公園の中にある。広重の美術館は他所にもあるが「東海道」を名乗るのは由比だけである。毎年5月3日に開催される「由比桜えび祭り」が有名で、臨時列車も運転される。

東海道本線の列車はこのあたり駿河湾に面して走る。昔は細い国道と複線の線路だけが湾に沿って走り、進行方向左側の窓の後ろには富士山も望める名所だったが、今では国道が拡幅され、さらに東名高速道路が湾を埋め立てられて造られ、線路は影が薄くなった。シラスや桜えび漁で賑わう由比の漁港は高速道路の橋脚に組み込まれた形で、漁船が軽トラックと同居する独特の風情だが今もさくらエビ漁でにぎわっている。

現在の由比駅

1979（昭和54）年に改築される前まで使用されていた瓦屋根をもつ、木造駅舎時代の由比駅である。かつては東海道の宿場町、現在は桜エビの水揚げ港、由比漁港で知られる場所にある。
◎1972（昭和47）年6月6日
撮影：荻原二郎

80系300番台による準急「東海」号、接客設備が急行用客車に準じたこのシリーズの登場とその後のカルダン駆動の採用が、現在までの電車による長距離列車進出の先駆けとなった。
◎1958（昭和33）年8月10日
撮影：久保敏

興津 おきつ

- 起点距離：164.3km（東京起点）
- 開業年月：1889（明治22）年2月1日
- 乗車人員：2,184人（2017年）
- 駅の構造：地上駅
- 通過路線：有
- ホーム数：2面3線
- 乗り換え：無
- 駅の設備：業務委託駅（夜間は無人駅）で、みどりの窓口は設けられているが、清水駅の管理駅になっている。
- 駅弁など：無

観光など：線路に沿った高台にある清見寺は国の史跡や重要文化財にも指定される名刹で、線路が境内を横切っているのが有名。東海道線の名所絵葉書ではこの付近で撮られたものが多く、古い絵葉書にもこのアングルの写真がある。東海道53次、由比と興津の間にある薩埵（さった）峠は標高100mにも満たない小さな峠だが、山が海岸に接する難所は広重の『東海道53次・由比』にも描かれる名所であり、現在もハイキングコースとして整備されている。

　東海道本線は、蒲原、由比、興津と駿河湾のすぐそばを走る。下り方面の列車で、進行左側の車窓から富士山が望める唯一の区間である。かつては線路のすぐ海側に国道1号が走っていたが、国道の道幅が広がり、さらにその海側に東名高速道路が通じて、ひっきりなしに自動車の流れがある。東海道本線の特急列車は夜行寝台特急「サンライズ」と身延線に入る特急「ふじかわ」のみとなり、通勤路線になった感がある。

　このあたりはサクラエビ漁、シラス漁の拠点で、拡幅された国道や高速道路の橋脚を取り込んだ漁港になっていて、漁船と軽トラックが同居する不思議な場所である。かつて特急列車華やかなりし頃は、富士山をバックに海岸線を快走する特急列車の撮影ポイントであった。

　東海道筋の17番目の宿場町である興津宿は、東海道本線が開通する前から鉄道誘致に積極的であったと伝えられ、隣の清見寺町とともに誘致運動が盛んで、東海道本線開通と同時に興津駅が開業している。鉄道開業前から風光明媚な清見潟として、また避暑地として有名で、座漁荘といわれる西園寺公望の別邸もあった。位置的に商業港清水港の入口にもなっている。

1930（昭和5）年から使用されていた興津駅の旧駅舎は、1981（昭和56）年に改築された。ホームの構造は単式・島式を組み合わせた3線で、跨線橋により結ばれている。◎1972（昭和47）年5月12日　撮影：荻原二郎

現在の興津駅

清水 しみず

- **起点距離**：169.0km（東京起点）
- **開業年月**：1889（明治22）年2月1日
  江尻として開業、1934年12月清水駅と改称した。
- **乗車人員**：10,652人（2017年）
- **駅の構造**：地上駅（橋上駅）清水港線があったころ、駅舎は山側だけだったが、橋上駅になった現在、橋上駅かと共に自由通路が設けられ、海側に広がった地域にも出入りができるようになった。以前は沢山あった線路も整理され、現在ホーム1本、側線なしの構内に一変した。
- **通過路線**：有
- **ホーム数**：1面2線
- **乗り換え**：かつて清水港線が分岐していたが、1984（昭和59）年4月1日に廃止された。静岡鉄道静岡清水線の新清水まではかなり歩かなければならない。また駅名を江尻といった時代、庵原軌道という小さな軽便鉄道が短期間存在した。
- **駅弁など**：駅弁の販売はないが、海産物のほか、竹皮に包んだ蒸し羊羹「追分羊羹」が有名である。
- **観光など**：清水港は近く、そこから伊豆方面に向かう客船が出港する。清水港線はなくなったが、今も水産業、日軽金の工場が盛業中であり、製品の輸送は船舶とトラックに移った。日軽金の清水工場は自社の岸壁を持ち、かつてアルミ精錬工場だったが、2012年に精錬をやめ水酸化アルミ・アルミナ工場に転換している。また海越しに富士山を臨む景勝地、三保の松原がある。

　清水市はかつて、静岡市とライバル関係にある別の行政区であったが、2003（平成15）年4月1日に静岡市と合併して静岡市清水区になった。40年ほど前までは上りホームに直結した駅の改札口を出ると駅前通りに路面電車（静岡鉄道清水市内線）が見られ、駅前から東海道本線を越えて港のほうまで走っていた。

　東海道本線の下り列車が清水を出るとすぐに、左手から旧清水市と静岡市を結ぶ静岡鉄道静岡清水線の2両編成のステンレスカーが近づいてきて、草薙付近まで並走する。戦時中、複線の線路を爆撃された際、臨時に渡り線を急造して不通になった東海道本線の列車が静岡鉄道の線路を走ったことがあると伝えられている。

　かつて清水駅は清水港や清水港線を擁して貨物扱いも盛んだったが、2001（平成13）年8月に貨物列車の発着が終了、翌年4月にはJR貨物の駅も姿を消している。かつて駅の海側には清水港線のホームと広い貨物ヤードがあったが、現在は近代的な駅前として再開発されている。

　清水駅は東海道53次の宿場「江尻宿」に近く、東海道本線が開通した際に江尻駅として開業した。駅に近い港の方は清水港と呼ばれており、それぞれ江尻町、清水町と別れていたが、人口は清水町の方が少し多かった。1934（昭和9）年12月に江尻駅は清水駅に改称されている。

現在の清水駅

清水港、三保の松原に向かって開かれている清水駅は、1889（明治22）年に江尻駅として開業している。駅舎は西口側に存在し、2003（平成15）年に橋上駅舎に変わった。◎1962（昭和37）年4月28日　撮影：荻原二郎

清水駅付近の空撮(1981年)

清水港線のあったころの清水駅俯瞰、港も近いことがわかる。◎提供：朝日新聞社

草薙 くさなぎ

- **起点距離**：174.2km（東京起点）
- **開業年月**：1926（大正15）年4月3日
- **乗車人員**：9,191人（2017年）
- **駅の構造**：橋上駅。このあたりの地域には静岡市の文化施設や運動場が多く、休日の利用者も多いので近代化工事を展開している。既に駅の両側を結ぶ自由通路も完成、南口には「県大・美術館口」、北口には「学園口」という愛称もついた。駅前広場を整備なども進んでいる。
- **通過路線**：貨物列車の時間整理用に使われている。
- **ホーム数**：2面2線
- **乗り換え**：連絡運輸はないが駅を出て少し歩けば静岡鉄道の草薙駅がある。
- **駅の設備**：清水駅が管理する駅員配置駅である。
- **駅弁など**：JR関連会社の売店がある。
- **観光など**：草薙駅の近傍には日本武尊を祭る草薙神社、古墳時代後期の遺構ひょうたん塚古墳、県立の大学、美術館、中央図書館のほか野球場、運動場なども近い。日本平に向かうハイキングコースも設定されている。

　東海道本線の電車が清水を出るとすぐに静岡鉄道の電車線が複線で近づき、草薙近くまで並走する。静岡と清水の間に位置するJRの草薙駅の周辺には静岡市の文教施設が点在する。草薙はもともと信号所として誕生したが、地元住民の駅誘致活動などにより、駅に昇格した。現在は静岡市の文化の中心のようなところに発展し、利用客も年々増加している。

　静岡鉄道静岡清水線は地方私鉄では珍しく運転本数が多いので、東海道本線との並走区間では必ず1列車以上に出会う。

現在の草薙駅

EF10が牽く下り貨物列車。貨物鉄道では一度に大量の物資を輸送することを得意としている。
◎静岡〜草薙　1964（昭和39）年10月　撮影：髙井薫平

東静岡 ひがししずおか

- 起点距離：177.7km（東京起点）
- 開業年月：1998（平成10）年10月30日
- 乗車人員：8,361人（2017年）
- 駅の構造：地上駅（橋上駅）秋の南北を結ぶ長い自由通路がある。
- 通過路線：無
- ホーム数：1面2線
- 乗り換え：静岡鉄道静清線の長沼駅とは連絡通路がある。また静岡市初の関西、九州方面の夜行高速バスは当駅に立ち寄っている。
- 駅の設備：駅としての機能は周辺に合わせて作られている。
- 駅弁など：無
- 観光など：静岡市の代表的産業の一つであるモデルホビーの世界によるフェアは毎年東静岡の静岡県コンベンションアーツセンターを中心に開催される。プラモデルのタミヤ模型のショールームもある。静岡県の戦没者、殉死者を祀る静岡県護国神社、静岡競輪場なども近い。

　東静岡は新しい駅で、1998（平成10）年、東静岡貨物ターミナルの跡地を中心に建設され、近代的なスタイルの駅舎が印象的である。規模が縮小されたJR貨物の静岡貨物駅は、コンテナ中心の駅として東静岡駅の草薙寄りに独立して存在する。JR東海の在来線の静岡運転区、東海道新幹線の柚木留置線、保守基地の最寄駅でもある。静岡鉄道の車庫がある長沼駅も近い。

　新駅は貨物駅跡地利用を目的とした「静岡市東静岡地区新都市拠点整備事業」の一環として計画され、新駅開業と同時に県や静岡市の公共建造物「静岡県コンベンションアーツセンター」や企業のショールームなども、新駅を中心に総合的に開発されたので、関連する国道も整備され、駅の外観も含めて近代都市の様相を呈している。また、夜行高速バスのターミナルがあり、博多、大阪、金沢などを結ぶ夜行高速バスが発着している。

現在の東清水駅

東海道電化の立役者153系と151系特急電車

　東海道本線の全線電化が完成したのは1956（昭和31）年10月下旬であったが、80系湘南電車を用いて伊豆に向けての準急電車が走ったいた程度だった。翌1957年、全金製車体を持つ80系300台を使って東京〜名古屋・大垣間に準急「東海」が生まれた。一方、1952（昭和27）年頃から電車の高性能電車の開発が各私鉄と重電メーカー中心に進められ、国鉄でも1957年にモハ90高性能電車が中央線（東京〜高尾間）に登場した。

　この技術を長距離優等電車に応用できないかということで1958（昭和33）年10月に生まれたのが20系特急電車（後の151系）、91系長距離用電車（後の153系）である。20系特急電車は特急こだまとして、91系は80系300台の代替として準急「東海」に投入された後、急行用として大阪・神戸に足を延ばした。急行列車に使用するため、半室をビュッフェにした簡易食堂車が登場、職人が寿司を握った。2等（後の1等→グリーン車）は当初は転換クロスシートだったが、リクライニングシートを付けた新車に差し替えられた。国鉄の車両形式商号変更により20系は151系に、91系は153系に改称された。

　1964（昭和39）年10月に東海道新幹線が開業すると東海道本線における153系の活躍の場は減り、特に大阪までの列車はなくなり、名古屋・大垣までの「東海」に特化していく。

東京〜佐世保を走る進駐軍用の「特殊列車」1001列車に連結された食堂車(マシ29形)。当初は連合国軍の将官専用列車だったが、1952(昭和27)年の対日講和条約発効により限定的ながら日本人も利用できるようにはなっていた。写真右上には「この列車では米国雑誌は売り切れました」とのお知らせも表示されている。妻面ドアの上は冷房の吹き出し口。
◎静岡県内　1953(昭和28)年6月3日　提供:朝日新聞社

静岡 しずおか

起点距離：180.2km（東京起点）
開業年月：1889（明治22）年2月1日
乗車人員：59,856人（2017年）
駅の構造：高架駅（駅ビル方式）
通過路線：東海道新幹線
ホーム数：在来線2面4線、新幹線2面2線・通過線2線
乗り換え：在来線／東海道新幹線相互乗換

駅の設備：駅ビルの規模は大きい
駅弁など：昔から鯛めしが有名、また浜松とともに鰻弁当も人気がある。駅の構内は広く、様々なレストランやお土産店が営業している。
観光など：観光地としては久能山・日本平、駿府城址公園、久能山や登呂遺跡などがある。

　静岡の町は駿河の国の国府が沼津から移ったのち、その主は変わるもののこの中心であった。長い戦乱の時期を経て1585年、徳川家康が駿府城を築城し、現在も史跡として残る。静岡県の人口は376.5万人、県都である静岡市の人口は約70万人である。2003（平成15）年4月1日に清水市と合併、2005（平成17）年4月に政令指定都市となった。

　静岡駅は1889（明治22）年2月の東海道本線開通と同時に開業した。その後、1907（明治40）年10月に2代目の駅舎に変わり、さらに1935（昭和10）年10月に3代目の駅舎が完成した。太平洋戦争の被害は1945（昭和20）年6月20日、米軍機B29による空襲によって市の大部分が焼失した。静岡駅は駅本屋が半焼するなどの被害を受けたが、数時間後には列車は走り出したという。

　1964（昭和39）年10月に東海道新幹線が開業して共用駅になるが、在来線は地上駅のままだった。1979（昭和54）年10月に在来線の高架化が完成し、新幹線も併設されている。1981（昭和56）年10月には静岡駅ビルの「パルシェ」が完成した。新幹線で静岡駅に停車するのは、1時間2本の「こだま」と一部の「ひかり」のみで、「のぞみ」はすべて通過する。

　東海道本線の特急は身延線に入る「ふじかわ」と夜行「サンライズ」1往復のみとなり、東京に直通するJR東日本車両による普通列車の運転も2012（平成24）年3月に廃止され、JR東日本車両による列車は不定期の「ムーンライトながら」のみである。使用車両はかつて373系電車が使用されていたが、現在はJR東日本の185系が使用されている。

　東海道本線の東京直通列車廃止後に目立つのは東京駅・新宿駅などに直通する東名高速道路を使った高速バスで、最近は夜行便を含めて運行され、本数も多く運賃も廉価なので利用者が増えている。

　かつて駅前と静岡城方面を結ぶ「静岡市電」ともいうべき静岡鉄道静岡市内線があった。しかし、全長2km余りと規模が小さく、1962（昭和37）年に廃止されている。

現在の静岡駅

静岡駅は、戦前の1935（昭和10）年に三代目の駅舎が竣工している。その後、東海道新幹線が開業し、地上駅から高架駅に変わり、現在は駅ビル「パルシェ」が誕生している。◎1972（昭和47）年5月12日　撮影：荻原二郎

C51の後継機として、1935年から62両のC55形が作られた。このうち21両が当時流行であった「流線型」で作られ、全国の幹線に配属された。東海地区では名古屋機関区に配置され沼津まで旅客列車を牽引した。◎静岡駅 1936(昭和11)年4月8日　提供：朝日新聞社

パーラーカーを先頭とする四国連絡特急宇野行きの「富士」。

EF60の牽く特急「はやぶさ」。東京と九州を結んでいた。◎1968(昭和43)年4月5日　撮影：村松功

静岡駅付近の空撮（1954年）

提供：朝日新聞社

静岡駅付近の空撮（1978年）

提供：朝日新聞社

静岡駅の駅舎と駅前。◎所蔵：白土貞夫

1954(昭和29)年に投入が始まったEH10形貨物用電気機関車は、ED型電気機関車を2両連結したような当時としては最強力の電気機関車で、東海道本線の花形になった。◎1980(昭和55)年3月15日　撮影：長渡朗

1957（昭和32）年に投入された80系湘南電車の最終グループ。全金製車体となり軽量化が図られ、長距離用として定員を減らして座席を拡大、サービス向上も図られた。

乗客の増加からデッキ付き、2扉車では客扱いに支障が出るようになり、1962（昭和37）年頃から両開き3扉の中距離用電車、111系・113系が投入され80系に置き換わった。

安倍川 あべかわ

- **起点距離**：184.5km（東京起点）
- **開業年月**：1985（昭和60）年3月14日
- **乗車人員**：4,784人（2017年）
- **駅の構造**：地上駅(橋上駅)
- **通過路線**：無
- **ホーム数**：2面2線
- **乗り換え**：無
- **駅の設備**：駅の東西を結ぶ自由通路も設置され、バリアフリー化が完成している。
- **駅弁など**：無
- **観光など**：駅名にもなった安倍川の右岸に徒歩10分ぐらいで行くことができる。

　東海道本線の電車は静岡駅を出ると安倍川を渡る。昔、この上流方向に安倍鉄道という軽便鉄道が出ていたが、静岡側の起点は国鉄静岡駅からの連絡が不便で、1934（昭和9）年に廃止された。安倍川駅は安倍川右岸の住民の足として設けられ、利用客も微増している。当時、駅の東西は鉄道で分断された形であったが、2015（平成27）年9月に東西を結ぶ自由通路がリニューアルして使いやすくなった。「みどりの窓口」はあるものの業務委託駅である。名物「安倍川もち」の石部屋は安倍川橋の左岸にあり、静岡駅からのほうが便利だ。

現在の安倍川駅

用宗 もちむね

- **起点距離**：186.6km（東京起点）
- **開業年月**：1909（明治42）年11月1日
- **乗車人員**：1,537人（2017年）
- **駅の構造**：地上駅
- **通過路線**：通過線はないが保線車両用の側線がある。
- **ホーム数**：2面3線
- **乗り換え**：無
- **駅の設備**：バリアフリー対応で跨線橋に上がるエレベーターが設置されている。
- **駅弁など**：無
- **観光など**：かつて戦国時代に駿河湾を望む用宗城があったが廃城になり、現在は地名に用宗を残すのみで城山はミカン畑になっている。特産品であるシラスが有名で、毎年漁期に合わせて「シラス祭り」が開催され盛況であったが、2017年は黒潮大蛇行の影響で大不漁になり中止された。

　用宗駅にはかつて巴川製紙に入る専用側線があったが、現在は取り払われている。駅の山側には東海道新幹線の列車が近づいてくる。駿河湾の用宗海岸に近く、シラス漁で名高い用宗漁港があり、駅から用宗港に至る用宗街道付近には古い家並みも残っている。天気が良ければ用宗海岸公園や用宗城（持船城跡）跡から富士山を望むことができる。

　駅の本屋はクラシカルな建物で、下りホームに接している。下りホームにはエレベーター付きの跨線橋で結ばれているが、町の人口は減少傾向にある。大きな事業所の撤退などにより駅の乗降数は20年前と比べるとほぼ半減した。

現在の用宗駅

現在の用宗駅構内から見た富士山。

焼津 やいづ

- 起点距離：193.7km（東京起点）
- 開業年月：1889（明治22）年4月16日
- 乗車人員：9,188人（2017年）
- 駅の構造：地上駅（橋上駅）
- 通過路線：無（側線は残っている）
- ホーム数：1面2線
- 乗り換え：かつて短期間（1891年～1900年）だが焼津藤枝間軌道という人車軌道があった。
- 駅の設備：駅長のいる管理駅で、隣の西焼津も管理している。
- 駅弁など：無
- 観光など：何といっても焼津の名物は漁港に付帯する魚市場で、年の瀬には首都圏等からも買い物客が押し寄せる。

　わが国有数の遠洋漁業の基地で、かつてビキニ環礁で原爆実験の被爆をした第5福竜丸の母港でもあった。今も海岸線に沿って整備された漁港が続いている。また、用宗から焼津、次の西焼津までの地域には水産加工業の中小工場が多く見られる。焼津はこれら水産業の中心で、人口14万人を擁する中堅都市であるが鉄道利用客は微減傾向にある。

　観光客目当ての水産物を商う「焼津さかなセンター」は高速道路のインターチェンジに近く、駅からは少し離れている。かつて水産物を満載した貨車が停まる側線や、赤坂鉄工所やビール工場への引き込み線など貨車の出入りも多かったが今はない。また、以前、焼津駅本屋に接して20系客車が留置されていてレストランになっていたが、いつの間にか姿を消した。

　古い話だが東海道本線建設の際、瀬戸川で採取した線路に敷く砂利を運ぶトロッコがあり、その線路敷きを利用した人車軌道が短期間存在した。

マグロの水揚げ港として全国的に有名な焼津漁港に近い場所に置かれた焼津駅。開業は東海道本線が全通した1889（明治22）年で、駅の構造は島式ホーム1面2線をもつ地上駅である。◎焼津駅

西焼津 にしやいづ

- 起点距離：197.0km（東京起点）
- 開業年月：1987（昭和62）年3月21日
- 乗車人員：6,096人（2017年）
- 駅の構造：地上駅（橋上駅）
- 通過路線：無
- ホーム数：2面2線
- 乗り換え：無（東名高速道路を走るJRハイウエイバスの停留所に近い）
- 駅の設備：業務委託駅である。
- 駅弁など：無
- 観光など：特にない

　国鉄末期の片浜駅開業と同時期に作られた駅。デザインなど画一的な雰囲気だが、バリアフリー化のためにエレベータが設置されている。駅周辺に学校や漁船エンメーカーの赤阪鐵工所をはじめ工場が多く、乗降客も6,000人前後を確保している。

現在の西焼津駅

藤枝 ふじえだ

起点距離：200.3km（東京起点）
開業年月：1889（明治22）年4月16日
乗車人員：11,362人（2017年）
駅の構造：駅の南北を結ぶ自由通路とともに橋上駅が2006年に完成。
通過路線：無
ホーム数：2面3線
乗り換え：無（かつては静岡鉄道駿遠線の乗換駅だった）
駅の設備：特に北口は大きく整備されているが、かつて出入り口はなかった、駿遠線の駅のあった南口の開発も目も見張るものがある。

駅弁など：無
観光など：2003（平成15）年の「わかしお国体」の際に造られた室内体育館「静岡武道館」があり、剣道などの武道のほかバレーボールや卓球など広く室内スポーツに活用されている。その他の観光などは特に目立ったものはなく、廃止された静岡鉄道駿遠線の代行バスは便数がとても少なくなった。

東海道本線の下り列車が藤枝に入る少し手前、静岡鉄道駿遠線の線路がオーバークロスしていた。ゆったりと築堤が延びてきて、運が良ければ小さな列車を見ることができた。しかしやがて廃線になり、築堤が段々崩されていき今は跡形もない。藤枝市の中心は静岡鉄道駿遠線が通っていた大手地区で、東海道53次の宿場町であり、焼津の方面から大手まで人車軌道が存在したという。東海道本線が1889（明治22）年に開業した際、大手の町からはかなり離れた位置になってしまう。

かつて静岡鉄道駿遠線のターミナルがあった駅前広場はすっかり整備されて、近代的な駅前になった。そこは御前崎方面への軽便鉄道の起点であったが、軽便鉄道はバス転換された。バス路線は相良まで残るが、御前崎へのバスは静岡からも直行バスがある。

藤枝駅に到着した80系湘南電車：2等車を交えた10両編成で東京を出た豊橋行は4時間余り走って藤枝駅に到着した。

現在は南北自由通路をもつ、スマートな橋上駅舎に変わっている藤枝駅。この時代は地上駅舎で、1970（昭和45）年までは静岡鉄道駿遠線の新藤枝駅が隣接していた。◎1967（昭和42）年11月30日 撮影：荻原二郎

六合 ろくごう

起点距離：204.9km（東京起点）
開業年月：1986（昭和61）年4月26日
乗車人員：3,095人（2017年）
駅の構造：地上駅（橋上駅）
通過路線：無
ホーム数：2面2線
乗り換え：無
駅の設備：業務委託駅（「みどりの窓口」がある）
駅弁など：無
観光など：特にない

島田～藤枝間に1986（昭和61）年に新設された新しい駅である。東海道本線のこの区間は直線区間が長く、かつて高速度試験がしばしば行われた地域である。1960（昭和35）年11月、金谷を出た試験列車が大井川を渡って加速して島田を通過、高速度試験車クモヤ93000による高速度試験が狭軌時速175km／hを出した。この記録の記念碑は駅北口階段下にあるがあまり目立たない。

東海道新幹線計画が持ち上がっていた1960年、高速度試験に使用した高速度試験車。古いモハ51078を使って、1958年国鉄豊川分工場（現・日本車輛豊川工場）で改造された。屋根上に架線状況を見る観測ドームを持ち、台車や主電動機は高速運転に適したものに変わった。高速試験は1959年12月が丘から藤枝～島田間（東京起点202.5km～203.8km）の上り線で行われ、1960年11月21日狭軌世界記録の175km/hを記録した。内田隆夫／久保敏

島田 しまだ

起点距離：207.8km（東京起点）
開業年月：1889（明治22）年4月16日
乗車人員：5,534人（2017年）
駅の構造：地上橋上駅
通過路線：無
ホーム数：2面3線
乗り換え：無（「富士山静岡空港」へは駅前から連絡バスがある）
駅の設備：このあたりの管理駅で駅長も常駐する。静岡方向から当駅までの列車が多い。
駅弁など：無
観光など：なんといっても大井川。大河の対岸に位置する金谷の町は2005年に川を挟んで島田市に合併した。ギネスブックに「世界一長い木造歩道橋」として1997年12月に認定された大井川にかかる全長897.4メートルの「蓬莱橋」は駅から歩いて行かれる場所にある。また蓮台で大井川を越した「大井川川越遺跡」も史跡として整備されている。

下り列車が島田を出ると、大井川橋梁を渡る前、大井川の左岸に展開するパルプやチップ工場への沢山の引き込み線があり、色とりどりのディーゼル機関車を見ることが出来たが、現在は輸送の主体はトラックに移り、1993（平成5）年に貨物列車の設定が廃止されるとともに側線は使用されなくなった。1998（平成10）年4月には貨物の輸送範囲を臨時扱いになり、島田駅は旅客専用駅になった。

島田駅から大井川にかけての一帯は大井川の「いかだ流し」によって集められる木材業が盛んで、かつてこれらの工場などを結んで大井川河岸の向谷まで貨物用の人車軌道が存在した。

大井川はその昔、箱根馬子唄にも「箱根八里は馬でも越すが、越すに越されぬ大井川」と唄われたように橋がなく、蓮台に旅人を運ぶという江戸時代の東海道の隘路であった。そのために大井川の両岸には川止めに備えた宿場があった。2005（平成17）年に対岸の金谷町と合併、大井川という大河で町が分断され、しかもかつての駿河国と遠江国の国境であるという珍しい行政区域になっている。

現在の島田駅はJR東海のほかJR貨物駅でもあるが、現在は専用のホームもなく、定期貨物列車の発着はない。余談だが「島田駅」は山陽本線の岩田駅～光駅間にもあるが、こちらのほうは「シマタ」と濁らない。

2008（平成20）年に橋上駅舎が完成した島田駅。これは地上駅舎時代の姿で、多くのタクシーが客待ちをしている。その後、この駅前広場の表情も大きく変化することに。◎島田駅

金谷 かなや

起点距離：212.9km（東京起点）
開業年月：1890（明治23）年5月16日
乗車人員：2,019人（2017年）
駅の構造：地上駅（通過路線あり）
ホーム数：2面2線
乗り換え：大井川鐵道の乗換駅で、以前は上りホームの反対側を使っていたが、現在は改札口も別になり、直接移動することはできないが、大井川鐵道の列車があるときだけ、JR線から直接出入りできる改札が開かれる。
駅の設備：駅員が常駐。JRの金谷駅には売店もなくなり、駅弁も無い。そのかわり、大井川鉄道の金谷駅の構内売店は充実しており、土産物のほかJR系駅弁業者を含む数種類の駅弁が販売されている。
観光など：静岡空港の最寄り駅だが空港行きのバス連絡はない。牧の原台地や、小夜の中山峠、子育て飴が名物だ。大井川に沿った千頭、寸又峡温泉、アプト式鉄道、井川ダムなど観光地は多いが、大井川鐵道の観光列車のスタートは隣りの新金谷駅からで、観光バスによる団体客で金谷駅を使うケースは皆無である。

　全長1,018メートルの長い大井川鉄橋を渡ると、右手に大井川鐵道の線路が近づいてくる。ガータ式の鉄橋に鮮やかに南アルプスの宣伝文句がペンキで大書されていたが、50年ぐらいそのままだったような記憶がある。このあたり線路は少し高い位置を走るので、遠くに大井川鐵道の新金谷駅と車庫を望むことができたが、途中に建物が増えた今日ではほとんど見ることが出来ない。

　金谷の駅は大井川を望む高台の中腹にあり、旧国道が「小夜の泣き石伝説」の中山峠にかかるカーブの途中にあり、旧東海道の石畳の残る個所もある。金谷の町には反対に大井川に向かって坂道を下って行かなければならない。

　下り列車は金谷を出るとすぐ牧ノ原台地を抜ける全長1,056メートルの牧の原トンネルに入っていく。この牧の原トンネルは単線3本並列（現在は2本使用）の煉瓦積みで、1889（明治22）年4月16日、このトンネルの開通によって当時の東海道線が全通した。ちなみに金谷駅の開業はトンネル開通の1年後である。

　金谷は蒸気機関車の運転で全国的に有名な大井川鐵道の乗り換え駅である。大井川鐵道は森林開発と電源開発とともに建設されて成長した鉄道で、かつては国鉄の静岡駅から直通電車も乗り入れた。今では貨車のやり取りもなくなって連絡線のレールも取り外されている。現在、大井川鐵道のSL列車の発着も次の新金谷駅からになり、観光バスと連帯したSL観光が主体である。鉄道によるSL観光客はSL列車に接続する新金谷行き電車で新金谷まで行き、新金谷で乗り換えることになる。

上りの急行「東海」。下りホームには貨物列車が停車中、上りホームにはリヤカーに乗った荷物がたくさん積まれていた。
◎1971（昭和46）年5月10日　撮影：吉田康介

クモユニとクモニを連結した113系の下り列車。東海道本線の長距離電車に荷物電車を連結するのは80形湘南電車に連結されたモユニ81に始まるが、電車が111系、113系に変わってからは、改造で生まれたクモユニ74などが充当された。◎1972(昭和47)年10月1日　撮影：荻原二郎

1980年代の金谷駅。

現在の金谷駅

幻の大井川迂回線

　1944(昭和19)年になると、米軍による空襲の激化により東海道本線も頻繁に被害を受け、早急な対策を講じる必要があった。そこで大井川鉄橋も対象となり迂回路の建設を決定した。迂回路は大井川鐵道の新金谷駅の北から東に支線をのばして大井川に木橋を架橋し、対岸の向谷から島田駅にある島田軌道の路盤を利用し1067mmの軌道を敷設するという計画を立てた。

　迂回線の線路延長は島田～金谷間7.6km(うち大井川木橋0.93km)といわれている。工事は鉄道聯隊を中心に一般人も徴用されて進められた。木製の橋桁が金谷側から1/4まで完成し、島田軌道区間では線路の敷設も終わり蒸気機関車による試運転も行われたが、完成を見ることはなかった。その後、島田軌道は元の人車軌道に戻された。

菊川 きくがわ

起点距離：222.2km（東京起点）
開業年月：1889（明治22）年4月16日
乗車人員：4,216人（2017年）
駅の構造：地上駅
ホーム数：2面3線
乗り換え：かつては「堀之内軌道」（軽便軌道）が御前崎方面に出ていた。
駅の設備：駅員が常駐。

駅弁など：無
観光など：静岡茶の産地である牧ノ原台地に近く、静岡富士山空港も近い。かつて景勝地として有名だった御前崎があるが、以前は御前崎行きのバスがあったが、現在は原発のある浜岡町止まりになった。御前崎行きのバスは静岡駅から直行し、菊川からのアクセスは良くない。

　金谷を出て小夜の中山峠の下を抜ける少し長いトンネルを抜けると、沿線には茶畑が広がる。適度なカーブで茶畑の続く丘陵地帯を抜けるこの区間は東海道本線の有名撮影地として知られ、ブルートレイン華やかなりし頃、鉄道ファンが大挙して押しかけた地域である。

　このあたりは古くは堀ノ内といわれ、なぜか東海道本線は旧東海道の道筋からやや離れて建設されている。このため、旧東海道にある菊川宿の行政区は島田市菊川で、菊川の駅がある菊川市とは関係がないようだ。駅名も1956（昭和31）年4月まで町名である堀ノ内と呼ばれていた。菊川はかつて御前崎方面への入り口で、その交通手段として1899（明治32）年に城南馬車鉄道の軌道が駅前に乗り入れ、のちの創成期のディーゼル機関車による堀之内軌道と名前を変えるが、1935（昭和10）年に廃止されている。

現在の菊川駅

菊川駅は1889（明治22）年の開業で、当初は地名をとり、堀ノ内駅と名乗っていた。1928（昭和3）年に堀之内町が誕生した後、1955（昭和30）年に菊川町と変わり、翌年に駅名も改めた。
◎撮影：荻原二郎

クハ86を先頭に、静岡都市圏に設定された普通電車。◎菊川〜金谷　1974（昭和49）年8月5日　撮影：林 嶢

EF60500牽引の20系九州特急。1957 (昭和32)年にわが国最初の固定編成豪華寝台20系客車の登場は、客車史を一変させるものであった。
◎1974 (昭和49)年8月　金谷〜菊川　撮影：林嶢

EH10の牽く貨物列車。1954 (昭和29)年に投入を開始したEH10は、「マンモス電機」の愛称で東海道本線の貨物輸送の主役になった。◎金谷〜菊川　1974 (昭和49)年8月　撮影：林嶢

◎菊川〜金谷　1987 (昭和62)年5月　撮影：園田正雄

掛川 かけがわ

起点距離：229.3km（東京起点）
開業年月：1889（明治22）年4月16日
乗車人員：11,292人（2017年）
駅の構造：地上駅
ホーム数：2面3線、新幹線（高架駅）2面4線（追い抜き線あり）
乗り換え：新幹線と第3セクター天竜浜名湖鉄道
駅の設備：駅員が常駐。駅弁は新幹線乗り換え口付近で販売しており種類も多い。

観光など：駅の正面にから朝比奈氏が築城したと伝えられる掛川城が望めるが、安政の地震で倒壊、また、明治の廃城令で建物の大部分を逸したが1994（平成6）年4月に天守閣が再建された。この天守は木造で日本100名城にも指定さている。城の周辺、大手門周辺の商店街は白壁の瓦葺きに移築されて城下町のムードを醸し出している。駅からバスで行く倉真温泉は400年の歴史を持つ隠れた湯治温泉である。

　かつて二俣線の乗り換え駅で、二俣線ではキハ20やC58が活躍したが、1987（昭和62）年3月15日、第3セクターの天竜浜名湖鉄道に転換した。新幹線駅は1988年3月、東海道新幹線17番目の駅として開業したが、停車する新幹線列車はこだま号だけである。新幹線駅は在来線の駅にうまく組み込まれたような構造である。

　新幹線が停車するようになってからの効果は絶大で、駅周辺は整備され、また東名高速道を走る高速バス「ドリーム号」も一部が立ち寄るようになった。
　また「ねむの木学園」やライブコンサートで名を「つま恋」、サッカーの国際試合も行われる「静岡スタジアム エコパ」などの最寄り駅である。

現在の掛川駅

掛川駅では1940（昭和15）年に改築された二代目の木造駅舎（北口）が耐震化工事を施されて、現在も使用されている。一方、新幹線口（南口）は高架駅となっている。◎1972（昭和47）年3月16日　撮影：荻原二郎

掛川では二俣線（現・天竜浜名湖鉄道）のC58形蒸気機関車が待機していた。◎1972（昭和47）年7月24日　撮影：久保敏

愛野 あいの

- 起点距離：234.6km（東京起点）
- 駅の構造：地上駅（橋上駅）
- ホーム数：1面2線
- 乗車人員：3,028人（2017年）
- 開業年月：2001（平成13）年4月22日
- 観光など：サッカースタジアム「エコパ」のある静岡小笠山総合運動公園スタジアムは駅から徒歩15分、この公園は袋井市と掛川市の両市にまたがって位置しており、入り口も双方にある。駅の所在地は袋井市だが、掛川市との市境に近い。この地の厄除け観音で知られる法多山尊永寺は愛野駅から歩いて行かれるが、隣の袋井から定期バスで行ったほうが便利だ。

ワールドカップ開催に先立ち、会場の一つになる静岡スタジアムエコパの最寄り駅として、2001（平成13）年4月22日に掛川～袋井間に開業した。みどりの窓口はあるが夜間は無人になる業務委託駅である。

現在の愛野駅

東海道本線の特急券・急行券等

所蔵：後藤宗隆

袋井 ふくろい

- **起点距離**：238.1km（東京起点）
- **開業年月**：1889（明治22）年4月16日
- **乗車人員**：5,324人（2017年）
- **駅の構造**：長く改良工事が続いていたが、2014（平成26）年11月末に橋上駅が完成、同時に駅の南北をつなぐ自由通路が完成し、北口が「秋葉口」、南口を「駿遠口」とともにかつて存在したローカル私鉄の線名を冠した愛称で呼ばれている。
- **乗り換え**：昭和30〜40年代まで国鉄駅の両側から静岡鉄道の2つのローカル線、駿遠線と秋葉線が出ていたが、すべて廃止された。近代的な駅前に生まれ変わり、海側にも駿遠口という出入り口ができた。従来の山側出入り口は秋葉口と呼ばれることになった。
- **駅の設備**：橋上駅
- **ホーム数**：3面4線
- **駅弁など**：無
- **バス路線**：静岡鉄道から分かれたかつて「静岡ジャストシステム」とその子会社「秋葉バスシステム」を中心に鉄道路線の代替路線が設定されているが、運転本数は電車の走っていた頃より確実に減っている。
- **観光など**：かつて静岡鉄道秋葉線が目指した秋葉神社ははるか遠いが、厄除け寺として名高い法多山尊永寺やかつて電車が通っていた曹洞宗萬松山可睡斎がある。共に袋井駅からバスの便がある。温泉はバスで10分ぐらいの場所に日帰り入浴施設「遠州和みの湯」が人気である。広々とした畑の真ん中の施設だが、設備が整った気持のよい温泉だ。

　袋井駅の大改造は最終段階を迎えている。半世紀以上前には駅前から路面電車、駅裏から軽便鉄道が出ていたが、すっかり新しい橋上駅に代わりかつて長閑でしかなかった南口も「駿遠口」という昔の軽便鉄道を彷彿させた名前になった。当時、少し傾斜が付いていた小さな駅前広場から、バッファーを付けた路面電車が発着した北口は「秋葉口」と、こちらも電車が走っていた頃の愛称で呼ばれるようになった。

　遠州三山の一つ、遠州三十三観音霊場巡りの30番札所、可睡斎には、昔、電車が通っていたが、現在は路線バスの便がある。

EF58の牽く普通列車。袋井は2つのローカル線の乗り換え駅だったが、急行列車の停車はなく、確か名古屋行きの準急が停車した。まだ駿遠線も健在で写真の右側にわずかに軽便客車が見える。◎1957（昭和32）年3月　撮影：髙井薫平

現在の袋井駅

磐田 いわた

- 起点距離：245.9km（東京起点）
- 開業年月：1889（明治22）年4月16日
- 乗車人員：8,157人（2017年）
- 駅の構造：地上駅（橋上駅）
- 乗り換え：中泉時代、短命に終わった光明電気鉄道の起点（新中泉駅）があった。また天竜川の船便から、鉱石を受け取って駅まで運ぶ人車軌道「中泉合同軌道」があった。
- 駅の設備：地上駅
- ホーム数：2面3線（現在改築中）
- 駅弁など：無
- 観光など：磐田市の中心部に位置する見附宿は東海道53次28番目の宿場である。「見附」という地名は京から東海道をきて富士山が初めて見えた土地ということで名付けられたという。国府が置かれ行政の中心地になっていた。

　磐田はかつて遠江の国府、国分寺が置かれたこの地方の政治の中心地だった。東海道53次では見附地区に見附宿が置かれていた。1889（明治22）年、東海道本線の開業当時は中泉地区に中泉駅が設けられたが、その後、見附地区と中泉地区は合併してこの地域の郡名である磐田を名乗り、駅名も1942（昭和17）年　10月10日に磐田駅へと改称した。

　中泉はかつて短命に終わった光明電気鉄道という1500Vの電気鉄道の起点であった。まだ東海道本線は蒸気機関車全盛の時代であり、1500Vの電気鉄道の開業（1928/昭和3年）は冒険ともいえたが経営は厳しかった。早くも1935（昭和10）年には廃止されて悲劇の鉄道などといわれたが、最近この電気鉄道にかかる遺構探しや展示会が開かれるようになった。

　また、時代は重ならないが、中泉には天竜川上流にあった久根鉱山から天竜川を帆船で運んできた鉱石を中泉駅まで運ぶ人車軌道があった。

　磐田駅の浜松方に専売公社のアルコール工場があり、ボールドウインの1C1タンク機関車、元・北海道鉄道（新）が使用され、その後も据え置きボイラーとして残っていたが、いつのまにか姿を消した。日本アルコール産業と名を変えた専売公社の工場もなくなり、貨物扱いも1996（平成8）年に姿を消した。

　最近の磐田市はサッカーJリーグのジュビロ磐田の根拠地として有名で、ジュビロ磐田のホームスタジアム「ヤマハスタジアム」がある。しかしグランドの収容人数が少ないため、Jリーグの試合は隣駅の愛野に近いエコパスタジアムで行われている。またオートバイのヤマハ発動機の本社工場がある。

アルコール専売磐田工場：北海道からやって来たアメリカ・ボールドウイン製の機関車。長く据え置きボイラーとして使用されたが、現在は工場そのものが無くなっている。◎1957（昭和32）年3月　撮影：髙井薫平

豊田町 とよだちょう

- 起点距離：248.8km（東京起点）
- 開業年月：1991（平成3）年12月14日
- 乗車人員：2,829人（2017年）
- 駅の構造：地上駅（橋上駅）
- 乗り換え：なし
- 駅の設備：地上駅
- ホーム数：2面2線
- 駅弁など：無
- その他：磐田駅が管理する業務委託駅。

　平成になって新設された新しい駅である。磐田市に属するが浜松にも近く、浜松に通う通勤・通学客が多い。磐田市に属するが、豊田町という地名は磐田市と合併前の町名であった。現在では浜松市のベッドタウンといった存在である。

現在の豊田町駅

天竜川 てんりゅうがわ

- **起点距離**：252.7km（東京起点）
- **開業年月**：1898（明治31）年7月10日
- **乗車人員**：2,783人(2017年)
- **駅の構造**：駅の南北を結ぶ自由通路と橋上駅が2017年9月に完成した。
- **駅の設備**：橋上駅
- **ホーム数**：2面4線
- **駅弁など**：無
- **その他**：浜松駅が管理する業務委託駅。
- **観光など**：駅名の起源である天竜川とはかなり離れているほか、藤原鎌足の子孫が開いたという蒲神明宮がある。これは浜松市の神社の中で最古のものといわれる。

　天竜川上流から集められる木材の集積地で、地元の実業家金原明善の働きかけによって1892（明治25）年に設けられた貨物駅が最初である。1898（明治31）年には旅客扱いも行う天竜川駅が設置された。駅そのものは天竜川から少し離れていて、駅構内から天竜川西岸に至る全長2キロ強の専用鉄道が延びていた。また、付近には各種の工場や倉庫がつくられたため専用線が発達したが、1972（昭和57）年3月15日に貨物の取り扱い中止、民営分割化でJR貨物に移管された。2006（平成18）年に貨物の駅は廃止され、旅客専用駅になった。

1898（明治31）年の開業以来、地上駅舎であった天竜川駅は、2017（平成29）年に南北自由通路をもつ橋上駅舎に変わった。以前の駅舎は北側に置かれ、跨線橋が存在した。◎1968（昭和43）年4月5日　撮影：荻原二郎

現在の天竜川駅

天竜川から川運を使って送られてくる木材を鉄道に積み込むための専用線があり、その後貨物駅として使用されたものの現在は廃止されている。◎1970年代

東海道本線の車窓③

　藤枝に入る少し前、静岡鉄道駿遠線の線路がオーバークロスしていた。ゆったりと築堤が延びてきて運が良ければ小さな気動車を見ることができたが、やがて廃線になり、築堤が段々崩されていき今は跡形もない。次の六合は新しい駅だ。かつて高速度試験が行われた地域で、金谷を出た試験列車が大井川を渡って加速し、島田を通過、このあたりで当時の日本の高速記録を出した。

　島田を出ると大井川までの間、本線の左右に製紙工場だったか木材を扱う工場があり、いろいろな色に塗られたDLの活躍が見られた。長い大井川鉄橋を渡ると右手に大井川鉄道の線路が近づいてくる。ガータ式の鉄橋に鮮やかに南アルプス云ぬんの宣伝文句がペンキで大書されていたが、50年ぐらいそのままだったような気がした。このあたり線路は少し高い位置を走るので、遠くに大井川鉄道の新金谷駅と車庫が望まれたが、間に建物が増えてもうほとんど見えない。

＊＊＊

　金谷を出ると小夜の中山峠の下を抜ける少し長いトンネルを抜け、菊川、掛川と茶畑が広がる。適当なカーブと丘陵地帯でブルートレイン華やかなりし頃は、鉄道ファンが大挙押しかけた地域である。

　掛川は新幹線の駅があとからできた駅、さらに二俣線を転換してできた天竜浜名湖鉄道の分岐駅である。袋井駅は大きな変化を遂げつつある。半世紀以上前には駅前から路面電車、駅裏から軽便鉄道が出ていたがすっかり新しくなっている。

＊＊＊

　次の磐田はかつて中泉といい、光明電気鉄道という1500Vの電気鉄道の起点であった。まだ東海道本線は蒸気機関車全盛の時代である。さらにその前には天竜川まで鉱石を運ぶ馬鉄があったという。あるとき磐田の駅を出てすぐ右手に小さな蒸気機関車を見た。当時、磐田には専売公社アルコール工場があり、そこの入換え用かと思って見学させてもらったが、現車には長い煙突が延びて機関庫の屋根を貫いて、ここで初めて据え付けカマに出会った。後で調べたら北海道鉄道（新）の2号機、1921（大正10）年アメリカ・ボールドウイン製の機関車だった。しばらくここを通る度に気になっていたがいつしか見られなくなった。

＊＊＊

　豊田町、天竜川を渡り、側線の多い天竜川駅を過ぎてやがて浜松に着く。

　浜松を出ると右手に広いヤードがあり、浜松工場への引き上げ線もあって、一時期廃車予定車が並んで解体工事が行われていた。

　高塚、舞阪あたりはちょっとした工業地帯であり、舞阪を離れると浜名湖が近く、鰻の養鰻場が見られるが、養殖方法が変わったのか、以前のように勢い良く回る水車もあまり見かけなくなった。

＊＊＊

　やがて列車は浜名湖にかかる。弁天島から新居町まで列車は浜名湖の真ん中を貫いているといって良いくらい景色のよいところ、山側を新幹線が疾走する。左手には遠くに浜名大橋を望む。浜名湖は吃水湖で浜名大橋の先はもう遠州灘だ。この橋は浜松地区から渥美半島方向へのバイパスで1973（昭和48）年に開通した。弁天島は幅の広いホームの真ん中に駅舎が作られている。幅の広いホームは浜名湖の花火大会の観客対応だろう。やがて到着する新居町には浜名湖競艇下車駅で、右手を並走する新幹線の線路越しに競艇場を望む。

＊＊＊

　しばらく走ると次第に浜名湖は遠ざかり、鷲津に到着、東海道本線の絶景ポイントの一つは終わる。次の新所原駅は東海道本線、静岡県最後の駅で右手に小さな天竜浜名湖鉄道のホームがあるが、第三セクターになってから本線から完全に隔離された感じだ。かつては天竜浜名湖鉄道の前身、国鉄二俣線はほとんどの列車は豊橋まで直行していて、そのために本線を越える高架橋があったが築堤の残骸が今も残っている。

浜松 はままつ

- **起点距離**：257.1km（東京起点）
- **開業年月**：1888（明治21）年9月1日
- **乗車人員**：37,258人（2017年）
- **駅の構造**：高架駅
- **駅の設備**：地上駅
- **ホーム数**：在来線2面4線、新幹線2面2線（通過線あり）新幹線の浜松駅は大きなカーブの中にあり、高速で通過する「のぞみ」「ひかり」のために急傾斜のカントが付けられている。
- **乗り換え**：在来線・新幹線相互間のほか、遠州鉄道（新浜松）がある。他にかつて浜松鉄道と称した軽便規格の遠州鉄道の奥山線は1964（昭和39）年廃止された。
- **駅弁など**：名物のウナギ飯をはじめ多種多様である。
- **観光など**：史跡としては今川から家康の支配下になった1570年ごろこれまでの曳馬を浜松に改めている。明治維新の廃城令により主な施設は取り払われて、浜松城公園になっているが、一部が再建されて、市民の憩いの場所になっている。少し離れ手場見方が原の古戦場、エアーパークと呼ばれる航空自衛隊浜松広報館、浜松市を一望できるアクトタワーなど、少し、あしを延ばせば浜名湖を望む舘山寺温泉がある。産業は「ホンダ」の発祥地であり、「スズキ」の本社もある。ヤマハ、カワイに代表される楽器産業も盛んで浜松市楽器博物館もある。
- **その他**：静岡と同じようにほぼ毎時1本の「ひかり」が停車するが、「のぞみ」は停車しない。

　昭和30～40年代には、東海道本線の列車が浜松に着く前、右手に遠州鉄道西鹿島線が見えた。現在の遠州鉄道は単線の高架線が浜松市内を貫いているが、かつて遠州鉄道西鹿島線の浜松駅は国鉄駅の脇にあり、西鹿島行きの電車は一旦東京方向に走って、遠州馬込まで来て、ここでスイッチバックしていた。これを見るのも車窓の楽しみの一つだった。かつて国鉄浜松駅に並んでいた敷設されていた遠州鉄道の線路が国鉄駅を離れると、浜松駅前の大規模区画整備が進み、駅前の近代化が進んだ。

　浜松市の人口は一時期80万人を超えていたが、現在はやや減少している。静岡県最大の都市である。浜松には徳川家康の居城であった浜松城があったが、明治時期に廃城になったが、城址公園として整備され、1958（昭和33）年には天守閣、天守門等が復元されている。

　静岡県の県庁所在地は静岡市であるが、人口は10万人近く浜松市が上回っている。平成の大合併の影響か両市は隣接する地域を併合してその広さは1559㎢（静岡市は1412㎢）に達している。静岡県総面積は7781㎢だから2市で県全体の4割近くを占める。

　下り列車が浜松を出ると右手に広いヤードがあり、浜松工場への引き上げ線もあって、一時期廃車予定車が並んで解体工事が行われていたが。車両の近代化が一段落したJR東海では廃車解体作業も一段落している。

　浜松駅前に出てみると遠州鉄道の立派なバスターミナルがあり、市バスは廃止されたあと市内のバス路線は遠州鉄道バスの独壇場である。遠州鉄道の新浜松駅はJR駅の名古屋寄りのビルの3階から発着し市街地を単線の高架線で北に向かっている。

　東海道の主要駅の一つであり、新幹線と在来線のホームは併設されている。名古屋寄りに留置線、車両解体場所、新幹線の浜松工場への引き込み線がある。駅前のバスターミナルは整然と整備され圧巻である。

現在の浜松駅

現在は高架駅となっている浜松駅だが、新幹線の開業後も地上駅の時代は長かった。これは太平洋戦争の空襲による焼失後、1948（昭和23）年に完成した三代目駅舎の姿である。◎1967（昭和42）年2月24日　撮影：荻原二郎

浜松駅付近の空撮（1978年）

提供：朝日新聞社

「ホーム体操?」機関車の付け替え時間を利用してホームでラジオ体操が行われた。
◎浜松駅　1952（昭和27）年8月16日
提供：朝日新聞社

浜松機関区付近の空撮(1952年)

浜松駅を俯瞰する。ホームや列車からはよく見えなかったが、大きな線形型機関庫があった。◎提供:朝日新聞社

高塚 たかつか

- **起点距離**：262.4km（東京起点）
- **開業年月**：1929（昭和4）年7月1日
- **乗車人員**：2,820人(2017年)
- **駅の構造**：地上駅であったが、最近自由通路を持つ橋上駅になった。
- **駅の設備**：地上駅
- **ホーム数**：在来線2面3線、中線（待避線）がある。
- **乗り換え**：無
- **駅弁など**：無
- **観光など**：大きな自動車本社工場などがあり、乗降客も微増している。高塚を過ぎると浜名湖も近く、鰻やスッポンの養殖場が点在する

　列車が浜松を出て浜名湖に近づく手前の駅で、ちょっとした工業地帯になっている。1970年代まで各工場に入る専用線もあり貨物輸送も盛んであったが1983（昭和58）年10月に貨物の取り扱いを廃止した。この辺りは養鰻池が多く見られたが、近年勢い良く回る水車もあまり見かけなくなった。聞くところ最近はスッポン養殖が盛んなようで、さらに最近目に付くのは太陽光発電パネルの広がりである。

現在の高塚駅

舞阪 まいさか

- **起点距離**：267.5km（東京起点）
- **開業年月**：1888（明治21）年9月1日
- **乗車人員**：2,719人(2017年)
- **駅の構造**：地上駅（自由通路を持つ橋上駅）
- **駅の設備**：地上駅
- **ホーム数**：在来線2面3線
- **乗り換え**：無
- **駅弁など**：無
- **観光など**：ここまでくると浜名湖の全貌が見えてくる。かつて多かった鰻の養殖場は転換が目立つ。舞阪の宿場跡が近く、旧国道には松並木が残る。

　現在浜松市西区に属する舞阪は1888（明治21）年開業時には馬郡駅（まごおり）といったが、すぐに舞坂駅になった。現在の舞阪駅になったのは1940（昭和15）年のことである。舞阪の町は2005（平成17）年7月まで浜名郡舞阪町であったが、平成の大合併により現在は浜松市の一部になった。

　2004（平成16）年に開催された「浜名湖花博」の会場最寄駅であったため、2003年11月、橋上駅と南北自由通路が完成した。

現在の舞阪駅

弁天島　べんてんじま

- 起点距離：269.8km（東京起点）
- 開業年月：1906（明治39）年7月11日
- 乗車人員：792人（2017年）
- 駅の構造：高架駅（ホーム上）
- 駅の設備：地上駅(ホーム上)
- ホーム数：1面2線
- 乗り換え：無
- 駅弁など：無
- 観光など：浜名湖の弁天島に造られた駅で景色がよい。駅前には大きなホテルがあり、国道1号線が通っている。浜名湖大橋を走る新幹線を撮るにはここで下車するとよい。海水浴場、競艇場、弁天島温泉、浜名湖ガーデンパークなど浜名湖にかかわる観光地が多い。

　その名のように弁天島の駅そのものが浜名湖に浮かぶ島の中にある。場所が狭いので駅の機能をホームの上に置いた珍しい構造で、本屋も待合室も改札口もホームの上にある。駅には地下道を通ってはいる。ホームに出ると山側を新幹線が疾走する。

　左手には遠くに浜名大橋を望む。浜名湖は吃水湖で浜名大橋の先はもう遠州灘だ。この橋は浜松地区から渥美半島方向へのバイパスで1973（昭和48）年に開通した。

　弁天島駅は幅の広いホームの真ん中に駅舎が作られている。ホームにいるとひっきりなしに高速で通過する新幹線を見ることができ、飽きることはない。この幅の広いホームは2013（平成25）年に終了した浜名湖の花火大会の観客対応だろう。

　弁天島町は現在、浜松市西区舞阪町に属するが、古くは舞阪町と新居町との間で土地争いのあったところだと聞く。この土地争いは昭和になってからも続いたという。

80形電車とEH10の牽く貨物列車のすれ違い。橋の下にシジミ取りの小舟が、当時の懐かしい光景だ。◎撮影：太田修

1958（昭和33）年に登場した20系（後に151系と改番）の特急「こだま」は、電車を高級列車に使用する契機になった。当時「ビジネス特急」と称し、登場時は8両編成であった。

新居町 あらいまち

- **起点距離**：272.9km（東京起点）
- **開業年月**：1915（大正4）年1月10日
- **乗車人員**：2,252人（2017年）
- **駅の構造**：地上駅
- **ホーム数**：2面3線
- **乗り換え**：無
- **駅弁など**：無
- **観光など**：浜名湖にかかわる主な観光施設は弁天島に集中するが、新居町には浜名湖競艇場や関所跡が整備され資料館もある。かつて駅の隣に国鉄バスの営業所があり、東京から到着した豊橋行きの夜行便が止まっていた時代があった。

　新居町は浜名湖が遠州灘に接する「今切口」の西岸に位置する。かつては東海道の宿場町であり、国の特別史跡である今切（新井）宿場が置かれていた。現在は浜名湖競艇下車駅として競艇催行日には乗降客で賑わい、臨時列車が運転されることもある。右手を並走する新幹線の線路越しに競艇場を望む。東海道を下ってきた列車が浜名湖地区を走る最後の駅になり、やがて浜名湖に別れを告げる。駅の北側に浜名湖競艇の開催日だけ使用する改札口があるが、通常は南側の改札口が使用される。なお、新居町駅は「あらいまち」だが、地名は「あらいちょう」である。市町村合併により、新居町は湖西市に編入された。

浜名湖を渡る80系の長大編成。◎1965年頃　撮影：戸田佳男

浜名湖を渡る新快速用の117系は主に豊橋〜大垣間など名古屋中心に運転されたが、一部の快速列車は浜松まで延長運転した。◎1987（昭和62）年6月　撮影：園田正雄

今や211系、311系に変わりJR東海の主力電車になった313系。使用線区によって車内の設備は異なるが、この列車は快速などにも使われるクロスシートカー仕様である。◎2014（平成26）年1月　撮影：岡崎圭吾

鷲津 わしづ

- **起点距離**：276.6km（東京起点）
- **開業年月**：1888（明治21）年9月1日
- **乗車人員**：3,480（2017年）
- **駅の構造**：地上駅
- **ホーム数**：2面3線
- **乗り換え**：無
- **駅弁など**：無
- **その他**：駅員配置駅であり、弁天島、新居町、新所原の3駅を管理している。

　下り列車が新居町駅を出発してしばらく走ると、次第に浜名湖は遠ざかり鷲津に到着する。ここで東海道本線の絶景ポイントの一つは終わる。もう少し走ると東海道本線（東京～神戸間）の中間地点を通過する。浜名湖の湖畔を走ってきた列車は、やっと「ふだんの風景」に変わって最初に到着する駅である。

　東海道五十三次における「静岡県最後の宿場」である白須賀宿は鷲津駅から自主運行バスで20分の距離にある。1373年に創建されたという本興寺は駅から1km足らずのところにある。

　鷲津駅の歴史は古い。1888（明治21）年9月に開業したものの、4年後の1892（明治25）年に廃止が決まり、地元で存続運動が起こって廃止を免れたという記録がある。駅利用客は一時減少傾向にあったが、浜松市に近いこともあって最近は微増を続けている。

駅の北側にあった富士紡績鷲津工場への専用線が存在した鷲津駅。駅の構造は単式、島式を組み合わせた2面3線のホームをもつ地上駅で、ホーム間は跨線橋で結ばれている。◎鷲津駅　1966（昭和41）年3月5日　撮影：荻原二郎

新所原 しんじょはら

- **起点距離**：282.4km（東京起点）
- **開業年月**：1936（昭和11）年12月1日
- **乗降人員**：3,995人（2017年）
- **駅の構造**：橋上駅（駅の南北を結ぶ自由通路が2016年11月に完成）
- **ホーム数**：2面3線、かつて3面5線だったが、ホーム1面は天竜浜名湖鉄道使用に変更され、境にフェンスが設けられている。
- **乗り換え**：天竜浜名湖鉄道
- **駅弁など**：天竜浜名湖鉄道のホーム脇に鰻専門の弁当店や食堂がある。

　むかしは信号所だった。掛川でわかれて浜名湖の対岸を走ってきた天竜浜名湖鉄道との接続駅で、以前は二俣線時代、列車の多くは豊橋まで通し運転を行っていた。そのため豊橋方に東海道線を越える築堤があり、今も残骸の一部が残っている。実は新所原は県境の駅である。かつては駅の構内に県境を示す標識が立っていたが今はない。

　JR東海としての管理は静岡支社管轄と本社直轄に分かれていて、構内は静岡支社、下り方向場内信号から先の名古屋方が本社直轄である。

　現在駅の西側は区画整理が進んでいる。

丹那トンネル開通まで東海道本線
御殿場線

ごてんばせん

路線DATA

区　間	国府津〜沼津　60.2km（県内区間は駿河小山〜沼津35.6km）
駅　数	19駅（うち静岡県内区間11駅）
軌　間	1067mm
動　力	電気（1500V）
開業年	1889（明治22）年2月1日

2個エンジンを持つキハ44700。小田急電鉄のキハ5000に1年遅れて投入され、D52形蒸気機関車が牽く客車列車に置き換わった。◎足柄〜御殿場　1962（昭和37）年5月　撮影：横瀬弘志

　御殿場線は、神奈川県の国府津駅から静岡県の御殿場を経て沼津駅に至る東海旅客鉄道（JR東海）の路線である。

　東海道線は熱海〜三島間の丹那山地に行く手を阻まれて、当初箱根の山を大きく迂回する路線で計画され、実に開通1889（明治22）年から1934（昭和9）年までは御殿場線が東海道本線であり、当時は複線であった。修善寺など狩野川流域に点在する伊豆の温泉地への足として、1899（明治32）年に伊豆長岡まで開通した豆相鉄道の三島駅は、当時、御殿場線にあって、丹那トンネルの開通後、三島駅は現在の位置に移動して御殿場線の旧三島駅は下土狩駅と改称された。

　丹那トンネルは1934（昭和9）年12月1日に開通し、これに伴い、東海道本線は熱海駅経由に変更され、国府津駅〜沼津駅間は単線化され、東海道本線の支線としての御殿場線と名乗ることになった。また電化も遅れ（1968年7月1日に完成）東京付近で唯一D52形大型蒸気機関車が長く活躍した路線であった。現在もなおトンネルや橋脚などに複線時代の面影が残っている。鉄道唱歌の歌詞は、丹那トンネル開通前に発表されたため、国府津駅〜沼津駅間が御殿場線経由となっている。御殿場線の旅客列車はすべて蒸気機関車牽引の客車列車だった。戦後の気動車ブームによる無煙化からも取り残された。

　松田駅〜御殿場駅間においては、JRの前身である国鉄の時代から小田急電鉄小田原線新宿駅方面からの優等列車の乗り入れが行われ、東京都心〜御殿場地区間のアクセスルートのひとつとなっている。1955（昭和30）年10月、日本初の2個エンジンの気動車、小田急電鉄のキハ5000による「特別準急」として生まれ、蒸気列車だけだった御殿場線最初の気動車列車になった。

　1968（昭和43）年の電化により特別準急のまま、使用車両はロマンスカー3000形SE車を短編成化したSSE車が使用された。この電車はJR化後の1991（平成3）年3月には特急列車化され、JR東海も371系特急車を1編成作った。さらに2012（平成24）年3月までの間は乗り入れ区間が沼津駅まで延長されていたが、現在は御殿場止まりである。この特急あさぎりは定期3往復、不定期1往復が設定され、JR東海側でも371系という特急専用車を作り、小田急電鉄を通って新宿まで乗り入れたが、現在は廃止されている。現在は小田急電鉄の60000系が用いられている。長く親しまれた「あさぎり」の愛称は2018（平成30）年3月「ふじさん」に変わった。

1968(昭和43)年に国府津～沼津間の電化が完成し、これまでの気動車に代わって電車が走るようになった。しかし投入された車両は4扉の通勤用73系が主力であった。クハ79の一部にトイレが設けられていたが、接客設備は「格落ち」になった。
◎御殿場　1971(昭和46)年8月　撮影：髙井薫平

　電化の際、御殿場線に投入されたのは、首都圏の国電新性能化で余剰になった72系4扉のロングシート車で、中間のサハ78にトイレが新設されていた。その後、東京方面の直通列車のほか、115系が主に使用されたのち、313系2両編成にほぼ統一され、ラッシュには2編成を連結した4連になる。JR東日本の車両による東京方からの直通列車は2012(平成24)年3月以降、臨時列車を除き廃止された。
　JR東海が管轄する在来線では唯一神奈川県に乗り入れている路線となっており、同社の在来線では最東端の路線でもある。前述の歴史的経緯からJR東日本管理の国府津駅から沼津方面に向かう方が下りとなっている。なお、静岡県の駅は駿河小山、足柄、御殿場、南御殿場、富士岡、岩波、裾野、長泉、下戸狩、大岡、沼津の11駅で、御殿場を除き委託駅、あるいは無人駅で、駅員はいない。

1955(昭和30)年9月から小田急電鉄を通って新宿に直行する特別準急「あさぎり」が走り出した。車両は小田急電鉄が開発したキハ5000は2個エンジン車で、単行または2両編成であった。
◎1962(昭和37)年5月6日

D52が牽く915列車。御殿場線は小田急線から直通する特別準急「あさぎり」が走るまで、旅客列車はすべてD52が牽引した。かつての本線は軸重の重い大型機関車の入線が可能であった。◎岩波　1965(昭和40)年5月　撮影：柳川知章

トイレを新設したサハ78。1968(昭和43)年7月、電化工事が完成した御殿場線に投入された電車は、首都圏で通勤輸送に使用されていた73系4扉車の4両編成だった。それでも長時間運転に備え、サハ78にトイレが新設された。
◎沼津　1971(昭和46)年8月　撮影：荻原二郎

371系による特急「あさぎり」。御殿場線から小田急線を経由して新宿に至るルートはこれまで小田急の車両が担っていた。しかし、JR東海でも自前の車両を持つことになり1991(平成3)年に登場した。同時に竣工した小田急電鉄の20000系2編成とともに使用され、一時期は沼津への乗り入れも行われた。2015(平成27)年に廃車となり、新宿乗り入れの車両はすべて小田急の車両に戻った。
◎足柄〜御殿場　2012(平成24)年11月　撮影：髙井薫平

SE車の「あさぎり」。小田急のSE車は8両編成から5両編成に組み替えられた。5000系気動車による特別準急に1968(昭和43)年7月から代わった。「連絡急行」という名称で使用され、1991(平成3)年3月から新車に置き換えられて特急に格上げされた。◎足柄〜御殿場　1990(平成2)年3月　撮影：髙井薫平

○ 国府津　こうづ　0.0km
● 駿河小山　するがおやま　24.6km
● 足柄　あしがら　28.9km
● 御殿場　ごてんば　35.5km
● 南御殿場　みなみごてんば　38.2km
● 富士岡　ふじおか　40.6km
● 岩波　いわなみ　45.3km
● 裾野　すその　50.7km
● 長泉なめり　ながいずみなめり　53.5km
● 下土狩　しもとがり　55.6km
● 大岡　おおおか　57.8km
● 沼津　ぬまづ　60.2km

富士山を背に疾走する115系。東海道筋ではなじみの薄い冷寒地使用の115系だが、御殿場線にはよく似合った。◎御殿場付近

御殿場線の普通列車は313系電車で運用されている。一部は下期用パンタグラフを持つ2基パンタ車である。◎富士岡〜岩波

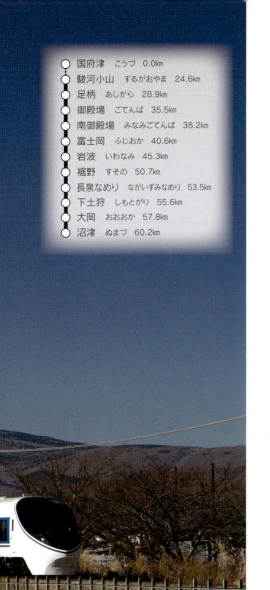

73系4扉車の活躍。1968（昭和43）年に電化された直後の御殿場線に投入されたのは、101系や103系といった新造車両の投入によって押し出された東京の国電で、1997（平成9）年まで使用された。トイレの設備や半自動扉化は追加されたものの、車両のサービス面が劣った時期であった。◎御殿場〜足柄　1979（昭和54）年8月17日　撮影：高橋義雄

D52が牽く旅客列車。◎撮影：小川峯生

73系は御殿場線では4両連結で使用された。サービス向上を狙ってか、車体を横須賀線色に塗り替えた。先頭のクモハ73は茶色1色だが、いずれ塗り替えられたことだろう。◎御殿場　1971(昭和46)年8月　撮影：荻原二郎

1898(明治31)年に開業した際には、東海道本線の三島駅(初代)を名乗っていた下土狩駅。その後、熱海～沼津間の新ルートが開通し、1934(昭和9)年に下土狩駅と改称している。◎下土狩駅　1963(昭和38)年7月20日　撮影：荻原二郎

1889(明治22)年に開業。富士登山の拠点として、東京方面から列車でやってくる登山客も増えたという。写真の駅舎は1987(昭和62)年の新駅舎完成まで使用された。◎撮影：荻原二郎

伊豆急の一部のような観光路線
伊東線
いとうせん

路線DATA
区　間	熱海〜伊東（16.9km） 熱海〜来宮間は東海道本線と重複区間
駅　数	6駅
軌　間	1067mm
動　力	電気（1500V）
開業年	1935（昭和10）年3月30日（熱海〜網代間）

　東海道本線の熱海から伊豆半島の東海岸を通り、伊豆を代表する温泉場の一つ伊東に至る16.9kmの路線である。現在の伊東線は線路が伊東から先、伊豆急行線につながっていて、熱海始発の列車はほとんどが伊豆急下田まで直通する。

　伊東線は当初、1924（大正14）年に熱海から下田に至る電気鉄道の計画であったが、第一次世界大戦終結に伴って世界中に吹き荒れた大不況のあおりを受け計画は縮小された。それでも熱海〜伊東間が1938（昭和13）年には電化開通した。伊豆半島の東海岸の海岸線を走るためカーブが多く、ほぼ3割がトンネルである。その中で来宮〜伊豆多賀間にある不動トンネルは全長1,795メートルと最も長い。熱海〜伊東間には4つの駅があり、全駅が列車交換可能である。なお、熱海〜来宮間は複線で東海道本線と並行するが、伊東線の起点0ポストは来宮駅構内にある。

　廃止になった清水港線、第三セクターに転換した二俣線が無くなり、伊東線は静岡県のJRの中で唯一の静岡県内で完結する路線になった。

　地元の悲願であった伊東からさき下田までの鉄道は、1961（昭和36）年に伊豆急行の手によって完成した。戦前も東京から伊東までの直通列車も設定されていたが、現在は優等列車では特急「踊り子」中心に東京から直通する。普通電車は一部が東京〜伊東間に設定されているが、ほとんどの列車は熱海で伊東方面に折り返すダイヤになっている。現在、JR東日本の伊東線専用車はなく、熱海〜伊

駅名	よみ	キロ程
熱海	あたみ	0.0km
来宮	きのみや	1.2km
伊豆多賀	いずたが	6.0km
網代	あじろ	8.7km
宇佐美	うさみ	13.0km
伊東	いとう	16.9km

クロハ49は横須賀線で使用された皇族用車両だが、戦後は伊東線に移動。その後、運転台を撤去してサロハになった。
◎1953（昭和28）年　撮影：吉田康介

下田にある御用邸へのご旅行のため、お召し車両のクロ157を組み込んだお召し列車が運転された。お召し電車はほかに1号編成やE655系電車によるお召し列車が伊東線を通って伊豆急下田まで運転されている。◎撮影:諸河 久

サロ15は国電で唯一の17メートルの2等車(現・グリーン車)である。距離の短い伊東線であったが、「別荘族」などの利用があったことから2等車が組み込まれていた。◎撮影:諸河 久

1969(昭和44)年に誕生した伊豆急下田行き特急「あまぎ」。157系は新造当初は下降窓方式を採用したため、雨水が窓を伝って流れて車体腐食が進んだことから1975(昭和50)年に廃車となった。
◎1970年代　撮影:山田虎雄

東間の列車はすべてが伊豆急行に依存している。

　かつてはJR・国鉄側も車両を保有し、43系や113系が使用された。国鉄時代から複線化計画があったが、地元の推進同盟も解散した。また線区の特異性から区間列車にも1等車(グリーン車)が連結された時期があり、サロ15やかつて横須賀線専用の貴賓車だったクロ49がサロハに改造されて編成に組み込まれていた。

　最近のニュースでは、お役御免になった常磐線特急651系を改造した観光列車「伊豆クレイル」が小田原〜伊豆急下田間に登場したが、踊り子用185系、スーパービュー踊り子251系とも車両の陳腐化は著しく、新しい観光特急の登場が望まれ、2018(平成30)年に入って全車グリーン車によりE261系によるリゾート列車が発表された。しかし特急踊り子に使用されている185系電車も車齢30年をはるかに超えており、その代替車両としては、中央線特急E257系が転用される見込みである。

クハニ67は、40系のグループと位置づけられるがオリジナルである。1955(昭和30)年にクハ55を改造したもので900台を付けて区別している。
◎1966(昭和41)年12月 撮影:荻原二郎

クハニ67を先頭に伊東線を走る。3両目には17メートルのサロ15が連結されている。◎網代〜伊豆多賀 1958(昭和33)年3月30日 撮影:小川峯生

80系による湘南準急「いづ」。1950(昭和25)年、東京〜伊東間に生まれた週末準急「あまぎ」から発展、80系湘南電車の登場以降、週末には伊豆方面への行楽列車が準急列車として多数設定された。◎網代〜伊豆多賀 1958(昭和33)年3月30日 撮影:小川峯生

東伊豆を代表する温泉地、伊東の玄関口である伊東駅。伊豆急行線との連絡駅であり、駅前広場には周辺の温泉、観光地とを結ぶ路線バス、タクシーが多く集まってくる。◎伊東駅　1960年代　撮影：山田虎雄

伊東駅前で温泉客を出迎える旅館の番頭さんたち。今は見られない風景だ。◎1950年代　撮影：Dimitri Boria

富士川に沿って走る買収国電路線
身延線
みのぶせん

路線DATA
区　　間	富士〜甲府 88.4km（県内区間は富士〜稲子 24.0km）
駅　　数	39駅（静岡県内は11駅）
軌　　間	1067mm
動　　力	電気（1500V）
開業年	1913（大正2）年7月20日

身延線の優等列車は準急と急行が設定されていたが、よんさんとう（昭和43年10月）ダイヤ改正から急行「富士川」に一本化された。使用車両は80系のままであったが、1972（昭和47）年に165系へと置き換えられた。

　身延線は、東海道本線富士駅から富士川を沿ってさかのぼり、山梨県の甲府駅に至る全長88.4kmの山岳路線である。全線にわたり富士川本流を渡ることなく、左岸（東側）を走る。このうち富士から芝川間19.2kmが静岡県内を走る区間である。富士から西富士宮駅付近まで緩い勾配で地形も開けており、沿線人口が多い。同様に山梨県の県庁所在地、甲府側も山岳地帯を抜けた鰍沢口から列車の本数が増える。また中京地方以西と山梨県を行き来するには最も利用しやすい鉄道ルートで、静岡駅で東海道新幹線と接続する特急「ふじかわ」が運転されている。

　身延線の前身は、私鉄の富士身延鉄道である。身延山と富士川を巡る鉄道計画は他にもあったが、最終的に富士身延鉄道計画が採用され、当時、東海道本線の鈴川駅（現・吉原駅）から大宮駅（現・富士宮駅）までの馬車鉄道を運営していた富士鉄道を買収し、起点を富士に移して1913（大正2）年に富士〜大宮町間が蒸気鉄道として開業した。以後、順次延伸され、1920（大正9）年5月18日に身延まで開通した。開業時投入したアメリカ・ボールドウィン製のC形蒸気機関車3両のうち2号機が日本鋼管鶴見製鉄所を経て博物館明治村の9号機として今も現役である。

　富士身延鉄道はまず富士〜身延間を開業するが経営状況は芳しくなく、沿線から国営化を望む声が挙がり、身延以北は政府による建設が決まった。しかし関東大震災の影響で不可能となり、結局国有鉄道の規格に準じることを条件に富士身延鉄道が建設することとなった。この建設には習志野の陸軍鉄道連隊が関与したといわれる。なお富士身延鉄道時代から、車両限界が小さく作られていたため低屋根車や折り畳み高さの低いパンタグラフが採用されている。

　全線開通の10年後の1938（昭和13）年には路線全線が鉄道省（のちの国鉄）に借り上げられ、1941（昭和16）年5月1日に国有化された。当時、電車線の国有化はほかに広浜鉄道と信濃鉄道があり「買収省電」が生まれた。この3鉄道から引き継いだ車両は正式の国鉄車両の形式（モハ93、クユニ95、クハニ96、サハ26）が付与されたが、その後の買収国有化路線の社型電車は国電になっても国鉄制式形式にはならなかった。国有後ほとんど全車両が飯田線の伊那松島に移動し、主に旧伊那電気鉄道の区間で使用された。

身延線クモユニ44。かつて横須賀線で活躍したモユニ44はモハ32一党とともに身延線に移動し、道路事情の悪かった身延線で郵便・小荷物の輸送に活躍した。その際、車両限界の小さい身延線に入れるため、屋根を低く改造した。この頃の低屋根改造は屋根全体を低くしているが、後年の改造はパンタグラフ部分のみの低屋根化改造に変わっている。◎稲子　1981（昭和56）年6月7日　撮影：荻原二郎

富士	ふじ	0.0km
柚木	ゆのき	1.5km
竪堀	たてぼり	2.8km
入山瀬	いりやませ	5.6km
富士根	ふじね	8.0km
源道寺	げんどうじ	9.3km
富士宮	ふじのみや	10.7km
西富士宮	にしふじのみや	11.9km
沼久保	ぬまくぼ	16.9km
芝川	しばかわ	19.2km
稲子	いなこ	24.0km
甲府	こうふ	88.4km

関西系の3扉電動車と元横須賀線の2扉クハ47の編成。◎撮影：髙井薫平

クモハ14024。身延線の近代化、輸送力増強は横須賀線からのモハ32系大量投入であった。横須賀瀬用に開発されたモハ62（クモハ14100）に伍して活躍し、一部は東海道本線の島田までの区間にも使用された。◎富士　1958（昭和33）年8月9日　撮影：荻原二郎

クモユニ143。1981（昭和56）年に115系2000番台車とともに投入された。甲州を表すブドウ色の車体に、富士川の清流を表現するアイボリー色の白帯を巻いた身延線専用車両だった。◎1980年代

　富士身延鉄道の車両は国有後、飯田線に転じたので、身延線には東京から横須賀線のクロスシート車を中心に入線したが、国鉄では珍しく1944（昭和19）年にモハ62、クハ77というオリジナルな鋼体化改造による新型電車（のちのクモハ14100代、クハ18）も投入されている。また、戦後は山手線のモハ30を2扉クロスシート化したクモハ14100台も投入している。さらに1974（昭和49）年になると72系電車の上まわりを113系に似せた車体に載せ替えた2代目62系も投入された。また1956（昭和31）年には新性能化用として、115系およびクモユニ143が新しいカラーリングで新製配備するなど、他の買収国電路線と比べると別格の扱いだった。
　現在は373系による特急「ふじかわ」が走るが、身延線の優等列車の運転の歴史は古く1956（昭和31）年に静岡運転所の80系4連による快速列車が設定され、1964（昭和39）年に準急「富士川」が2往復設定された。1966（昭和41）年には静岡～甲府間の1往復が急行列車に格上げされ、富士～甲府間1往復は準急「白糸」と命名され、1972（昭和47）年から165系に変わった。1995（平成18）年から新鋭の373系電車が投入され、愛称も「ふじかわ」に変わり、定期6往復、不定期1往復が設定されて全列車が静岡まで直通している。貨物列車は2001（平成13）年度限りで廃止されている。

特急「ふじかわ」に使用される373系は1M2Tの短い編成で、かつては「東海」や「ムーンライトながら」にも6両・9両編成で使用された。◎2013（平成25）年1月28日

富士山の裾野に位置する、この富士宮駅は1913(大正2)年、富士身延鉄道(現・身延線)の大宮町駅として開業している。国有化された翌年(1942年)、富士宮駅と改称した。◎富士宮駅　撮影：荻原二郎

富士電車区は身延線用の旧型国電のすみかだった。スカ線色の旧型国電がたむろしていたが、今は留置線になっている。
◎撮影：内田隆夫

クモハ123はJR化後の身延線に投入された単行運転用電車。非営業電車を客用に改造したもので、甲府方、富士方の小運転用に投入した。ロングシート、トイレ無しながら、一部は三島〜身延間など比較的長距離用にも使用された。◎沼津　2006(平成18)年7月　撮影：髙井薫平

身延線用に新造された115系で、ワインレッドに白帯をまいていたが、後に一般の115系に準じた湘南色に改められた。基本編成は3両で、多客時にはTc車を増結する。写真は御殿場線で使用中のもの。
◎御殿場　1983(昭和58)年11月

身延線はその発達過程からか買収路線の中では特別扱いされていて、鋼体化とはいえクロスシートの新造車、モハ62+クハ77が投入された。◎撮影：久保敏

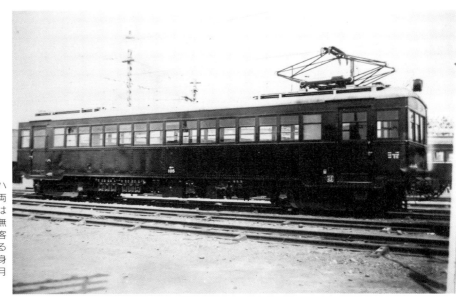

国有化前の富士身延鉄道モハ100は、大きなパンタグラフ、両端に寄った客用扉があり、車内はクロスシートが並ぶ。トイレは無くトレーラーのクハニや木造客車を改造したサハについているが、貫通路はなかった。◎富士身延鉄道　1936（昭和11）年6月　撮影：裏辻三郎

富士身延鉄道のサハ60は蒸気機関車時代の客車だった。電車化により引き通し線を設けて電車用のサハになった。国有化後はサハ26を名乗ったが、どう見ても客車であった。◎富士身延　1936（昭和11）年6月6日　撮影：裏辻三郎

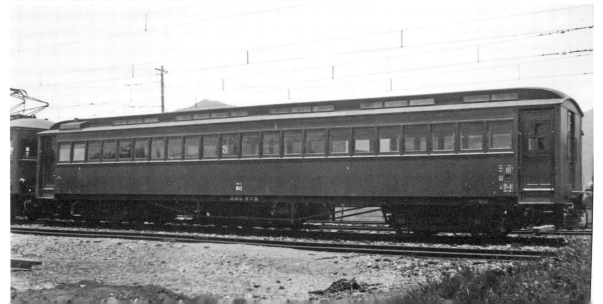

富士宮駅付近の空撮（1952年）
提供：朝日新聞社

三信鉄道が10年余を要して開通

飯田線
（旧三信鉄道区間）

いいだせん

路線DATA

区　間	豊橋～辰野 195.7km（県内区間は出馬～小和田 28.4km）
駅　数	94（静岡県内は13駅）
軌　間	1067mm
動　力	電気1500V
開業年	1897（明治30）年7月15日（豊川鉄道）

昭和時代に使用されていた、どこにでもあるようなローカル駅だった佐久間駅。1989（平成元）年に改築されて、現在は図書館と駅舎、待合所を兼ねたユニークな姿に変わっている。◎佐久間駅　1972（昭和47）年6月5日　撮影：荻原二郎

　飯田線は東海道本線の豊橋と中央本線の辰野を結ぶ路線で全線195.7kmの電化路線、戦前までの電化区間として最長である。豊川鉄道（豊橋～長篠32.1km）、鳳来寺鉄道（長篠～三河川合17.2km）、三信鉄道（三河川合～天竜峡　71km）、伊那電気鉄道（天竜峡～辰野79.5km）を1943（昭和18）年8月1日に国有化して飯田線が誕生した。

　このうち静岡県内を通過するのが、旧三信鉄道区間の出馬～小和田間28.4kmで、小和田駅のホームには静岡、愛知、長野3県の県境を示すモニュメントがある。三信鉄道は三河と信濃を結ぶ意味で名付けられたが、天竜川の急流に沿うこの区間の工事は難航を極め、資金不足と納期、厳しい自然環境と脆い地質など劣悪な環境から52名の殉職者を出した。最後の開通区間である大嵐～小和田間3kmが開通したのは1937（昭和12）年8月20日であった。この工事には5,000人を超えるといわれる朝鮮人労働者が動員され、またこの区間の工事を引き受けていた飛島組が撤退、個人の資格で引き受けた飛島組の現場責任者だった熊谷三太郎によって進められた。この工事の成功は、後の熊谷組の基礎を作ることになる。

　三信鉄道から国有化された車両は電気機関車1両、電車9両と貨車69両で電気機関車は富士身延鉄道から譲り受けたもの。電車は鉄道省のモハ1形木造電車の払い下げを受け、鋼体化改造したクロスシートカーであるが、3両は木造車体のまま使用された。これらの多くは廃車後、すでに事故廃車になっていた1両を除いて私鉄に払い下げられ、大井川鐵道に行った木造の1両はJR東海のリニア・鉄道館で復元保存され、小湊鐵道でディーゼルカーに改造された1両は、廃車ながら五井駅の機関庫の奥に保存されている。

　1955（昭和30）年11月には佐久間ダム建設のために佐久間～大嵐間13.3kmを廃止して、佐久間～水窪～大嵐間の新線17.3kmが開業、3駅が廃止されて4駅が新たに設けら

複雑な構造の屋根をもっていた、木造駅舎時代の中部天竜駅。現在はすっきりした姿に変わっている。売店や自販機、電話ボックスなど、山間のローカル駅の表情がよくうかがえる。◎中部天竜駅　1972（昭和47）年6月6日　撮影：荻原二郎

豊橋	とよはし　0.0km
出馬	いずんま　55.4km
上市場	かみいちば　56.0km
浦川	うらかわ　57.3km
早瀬	はやせ　58.5km
下川合	しもかわい　59.9km
中部天竜	ちゅうぶてんりゅう　62.4km
佐久間	さくま　63.5km
相月	あいづき　68.5km
城西	しろにし　70.5km
向市場	むかいちば　73.3km
水窪	みさくほ　74.3km
大嵐	おおぞれ　80.8km
小和田	こわだ　83.8km
辰野	たつの　195.7km

三信鉄道区間を行く三信鉄道デ308。払い下げを受けたモハ10を両運転式にしてそのまま使用した。
◎水窪　1937(昭和12)年7月　提供:朝日新聞社

れた。この付け替え工事も難工事で、一度着工したトンネルを放棄するなど難航を極めた。「渡らない鉄橋」として有名な第6水窪川橋梁（城西～向市場間）はその難工事の副産物と言われる。その後もこの天竜川沿いの区間は崩れやすい地盤が原因で地滑りや崩落事故が多く、特に1957(昭和32)年7月17日には大嵐～大和田間の西山第1トンネルが崩落不通になった。付近には並行する道路もないため、天竜川を使って船による連絡運輸を開始、この船の操船には青函連絡船の航海士等が国鉄青函局から転勤して対応した。

現在でもこの区間を通過すると、かなりのスリルを感じる。このあたり人口もきわめて少なく、道路が通じていない駅もあり、「日本の秘境駅のベスト10」に8駅が入ったことで逆に観光客が増加しているが、自販機ひとつないところだから、訪れるにはそれなりの準備が必要である。この不便さを逆手に取り、最近の秘境駅ブームに乗って、特急用車両を使った特別列車まで運転されるようになった。

普通列車には、身延線から回ってきた旧富士身延鉄道のモハ93や横須賀線で使用されていたクロスシート車が入り、その後、関西地区からモハ52や43系などクロスシート車が、さらに余剰になった横須賀線や湘南電車のサロを一般車に改造した制御車や中間車が転入してきた。手荷物輸送は並行する道路事情の悪いこの線では活発で、私鉄時代にも伊那電気鉄道のサハユニフという付随車が、豊橋まで3つの私鉄をまたいで運転されていた。

国有化後も手荷物合造車を連結した列車が多く、中にはクモユニ81やクモニ13なども連結された。その後、旧型国電淘汰の波にのって長距離用電車の電機品や台車を使った119系が飯田線専用に開発され211系や313系に置き換わるまで主力として活躍した。373系による特急が走るまでは、快速は一般旧型国電、料金を取る準急や急行には80系や165系が使用された。

現在、飯田線には豊橋～飯田間に373系による特急列車が走り、普通列車には313系と213系が使用されている。かつて飯田線全線では貨物輸送が盛んで、国有化前の豊川鉄道、伊那電気鉄道も電気機関車を保有していた。三信鉄道も富士身延鉄道から1両を譲り受けて使用した。国有後はED19が入り、買収電気機関車に交じって活躍、その後、軸重軽減のED18など主力となった後、新造電機ED60とED62が入り、またEF10なども入線している。

さらに1991(平成3)年に中部天竜駅構内に車両を集めた「佐久間レールパーク」が開設されると豊橋から、EF58が牽引するトロッコ列車「トロッコファミリー」号が1987(昭和62)年から2006(平成18)年5月まで運転された。飯田線の特に山間部では道路の整備が遅れていたため、手荷物郵便車が一般の列車に連結されていたが、現在は貨物列車の運転や手荷物郵便車の連結はない。

小和田のホームに作られた静岡、愛知、長野県の3県県境モニュメント。

クモハ52による快速列車。当初は魚雷形電車と形容され、後に「流電」の愛称で親しまれた。◎1958(昭和33)年10月16日　撮影:小川峯生

佐久間駅の懐景。道路事情の悪かった頃、飯田線は地元住民と山男の貴重な足であった。◎撮影:竹中泰彦

ED18は初期の輸入機関車ED17の軸重軽減機でA1A+A1Aという軸配置になり、飯田線に投入された。

ED21は元・富士身延鉄道の車で、飯田線に転じ、貨物列車を牽いていた。

三信鉄道は天竜川沿いの狭隘な地域に建設され、多くの犠牲者を出した。この慰霊碑はこの難工事を完成させ、一気にトンネル工事のスペシャリストとして、建設業界に参入した熊谷組創業者の熊谷三太郎によって建立された。◎1972（昭和47）年6月6日　撮影：荻原二郎

佐久間ダム発電所工事用の専用側線で、天竜川を渡る道路橋と共用橋であった。工事完了後も残っていたが、最近は道路橋専用になっている。◎佐久間～中部天竜　1972（昭和47）年6月　撮影：小川峯生

第6水窪川橋梁を行く80系電車。1955（昭和30）年、佐久間ダム建設に伴い路線の付け替え工事によって出現した川を対岸に渡らないS字橋が城西〜向市場間に作られた。◎撮影：今西泉

213系は、211系を2扉化したような車両で、当初は関西本線の名古屋口に投入された。

119系電車は、165系などの電機品を生かして生まれた飯田線専用車両。新しい塗色で生まれたが、JR化後はJR東海の標準色になった。

特急「伊那路」として飯田線内を走る373系。

JR東海色になった119系。一部閑散対策で両運転台式に改造された。

JR東海の主力車輌である313系電車は、使用線区によっていろいろな種類があるが、飯田線で使用される313系3000番台はボックスタイプのクロスシート車両である。

101

清水港を取り巻くような臨港線
清水港線

しみずこうせん

路線DATA
区　間	清水〜三保（8.3km）
駅　数	5駅
軌　間	1067mm
動　力	非電化
開業年	1916（大正5）年7月10日
廃止年	1984（昭和59）年4月1日

◎巴川口〜清水埠頭　1984（昭和59）年3月18日　撮影：久保 敏

　清水港は神戸、長崎と主に日本の三大美港と言われ、富士山を遠く臨む日本を代表する港の一つである。清水港線は清水港に作られた埠頭、アルミ工場などの輸送を担うため、1916年（大正5年）に東海道本線の貨物支線として一部開業したが、1944年（昭和19年）7月に三保まで延伸、同年12月に旅客営業を開始するのと同時に東海道本線から分離独立し、清水港線という路線名が与えられた。旅客営業開始時から、旅客営業は貨物列車に客車を連結した混合列車によって行われた。1957（昭和32）年12月発行の『交通公社時刻表』によれば1日7往復が設定され、客貨車をC11が牽いた。沿線には静岡県の特産品製茶などの積出港や工場が点在し、また終点の三保には日本軽金属の清水工場があり、古典蒸気機関車ドイツ製の1430などが働いていた。この頃の清水港線は国鉄一の黒字路線になったという。しかしその後、自動車に輸送の座を奪われて、衰退が始まり赤字路線に転落した。牽引機はDD13に変わっていたが、1972（昭和47）年以降は、旅客列車（混合列車）が通学用に朝に下り1本、夕方に上り1本の1日1往復しか設定されず、日本一旅客列車の運行本数の少ない鉄道路線となった。1984年（昭和59）年4月1日に全線（8.3km）と各社の専用線や側線が廃止され、静岡鉄道のバスに転換した。現在、清水駅の清水港線のホームやヤードの跡は、スマートなデザインの構造物が立ち並んで新しいプロムナードを構成している。産業遺産として貨車から直接木材を船舶に積み込んだ」「テルフアールクレーン」が国の登録有形文化財として清水マリンパーク内に保存されている。

三保にあった日本軽金属の専用線では元国鉄の249号機関車が働いていた。1907年生まれの古い国産蒸機機関車であった。
◎三保　1958（昭和33）年3月　撮影：髙井薫平

○ 清水　しみず　0.0km
○ 清水埠頭　しみずふとう　2.3km
○ 巴川口　ともえかわぐち　3.3km
○ 折戸　おりど　6.1km
○ 三保　みほ　8.3km

1944 (昭和19) 年に開業し、1984 (昭和59) 年まで使用されていた清水港線の三保駅。当初は貨物駅で、すぐに一般客も利用できるようになった。跡地は現在、公園となっている。
◎1984 (昭和59) 年3月18日
撮影：久保敏

C50形蒸気機関車が牽く清水港線の列車。機関車はその後機動性に優れたC11に変わった。
◎清水　1960 (昭和35) 年3月　撮影：山梨幸夫

DD13形ディーゼル機関車が牽く清水港線の貨物列車。清水港線の牽引機関車は、1962 (昭和37) 年に蒸気機関車からDD13に変わった。暖房用の装備がなかったので、1984 (昭和59) 年の廃止時まで、客車は冬季暖房無しのまま使用された。
◎撮影：西川和夫

二俣線、伊豆箱根鉄道の時刻表（昭和33年）

2章
私鉄

伊豆急行の開業に合わせてデビューした100系と交換する157系特急「あまぎ」。◎撮影:久保敏

伊東線と一体運用される観光路線
伊豆急行

いずきゅうこう

路線DATA
区　　間	伊東〜伊豆急下田(45.7km)
駅　　数	16駅
軌　　間	1067mm
動　　力	電気(1500V)
開業年	1961(昭和36)年12月10日

開業当日東京から運転された153系による「祝賀電車」。1961(昭和36)年12月10日、伊豆急行開業の日には153系10両編成の祝賀電車が運転された。伊豆急線内でハンドルを握ったのは、以前東横線でよく見かけた運転士さんだった。開業当時伊豆急行の車両は伊東〜下田間で使用されていた。
◎伊豆急下田　1961(昭和36)年12月　撮影：荻原二郎

　伊豆半島に住む人たちにとって長年の悲願であった伊東と伊豆急下田を結ぶ鉄道が1961(昭和36)年2月20日に開通した。同時に東京までの直通を含め、国鉄伊東線を経由して、熱海まで相互乗り入れを行うことになった。東急グループが満を持して投入した100系電車30両は2扉クロスシートの当時でも珍しい長距離用電車で増備を含め53両が製造された。

　1963(昭和38)年には100系の仲間として、ビールに参戦したサントリーが「スコールカー」と称する私鉄には珍しい食堂車を登場させた。ビール中心の食堂車で人気を博したが、伊東線へ乗り入れ前提の列車であったが伊東線での食堂車営業が認められず、早期に使用中止になり、しばらく伊豆高原の側線に放置されたのちに一般車へと改造された。。

　鉄道が通じる前、伊豆半島の東海岸は伊東から東海バスの路線があり、伊東〜下田間を結ぶ特急バスが毎日6往復運転され、その所要時間は2時間を要した。ほかに修善寺からの天城越えコース、西海岸のコースもあった。西海岸を回るコースは、バス路線よりむしろ沼津からの汽船に人気があった。

　この鉄道の認可はその数年前の「箱根戦争」がそのまま伊豆の山に持ち込まれて、西武グループと東急グループの間で激しい許認可争いとなった。結果として東急グループがこの伊東〜下田間鉄道の建設を担うことになるのだが、この路線争いのあおりか、列車に乗っていると蓮台寺付近で列車は大きくカーブして蓮台寺温泉からかなり離れて蓮台寺駅に至る。これはこの付近は西武系の地主が多く、用地買収に応じなかったとも伝えられる。

　その後、国鉄からは特急の運転も始まり、1970(昭和45)年3月には初めてEF5861の牽くお召列車も運転された。

　1978(昭和53)年1月14日襲った伊豆大島近海の大地震により、伊豆稲取〜河津間の路線損壊など大被害を受けるが、一番痛かったのは大地震再来のうわさで、観光客は激減、人気絶頂だった別荘地の販売も低迷した。

　東京から直通する観光列車は153系10両による準急「伊豆」」(のちの「あまぎ」)のほか80系湘南型電車10両による準急「おくいず」があった。さらに157系を使用した7両編成の急行「伊豆」が登場するが、1969(昭和44)年、特

出場当時には画期的な新車だった「リゾート21」が勢ぞろい。◎伊豆高原　撮影：杉山裕司

- 伊東　いとう　0.0km
- 南伊東　みなみいとう　2.0km
- 川奈　かわな　6.1km
- 富戸　ふと　11.5km
- 城ヶ崎海岸　じょうがさきかいがん　13.9km
- 伊豆高原　いずこうげん　15.9km
- 伊豆大川　いずおおかわ　20.9km
- 伊豆北川　いずほっかわ　22.9km
- 伊豆熱川　いずあたがわ　24.3km
- 片瀬白田　かたせしらた　26.1km
- 伊豆稲取　いずいなとり　30.3km
- 今井浜海岸　いまいはまかいがん　34.2km
- 河津　かわづ　35.3km
- 稲梓　いなさず　40.7km
- 蓮台寺　れんだいじ　43.4km
- 伊豆急下田　いずきゅうしもだ　45.7km

急「あまぎ」が生まれ、伊豆急行に初めて特急電車が走った。使用車両もその後183系、185系と変わり、1981（昭和56）年10月からL特急「踊り子」に統一された。「踊り子」というネーミングはもちろん川端康成の「伊豆の踊子」からとったものだが、発表されるとその反響は大きかった。これまで特急の愛称は山や川のような名所、天体や鳥の名前などが使われていたので、非常に奇異に感じたものだったからだが、その後、秋田新幹線に「こまち」が生まれるなど特急列車の愛称もバラエティに富むものになってきた。

1985（昭和60）年7月20日、画期的なリゾートカー「リゾート21」が登場した。この列車の人気は高かったが、1990（平成2）年から富裕層を対象に豪華グリーン車「ロイヤルボックス」を導入して好評を得た。特急「踊り子」は相変わらず185系であり、見劣りは否めずJR東日本は1990（平成2）年のゴールデンウイークに合わせて251系「スーパービュー踊り子」を登場させた。一方、伊豆急でも1993（平成5）年には東京乗り入れも配慮した「アルファリゾート21」を投入、初の女性運転士が誕生したのはこの年の暮れである。

2000（平成12）年、開業以来40年が経過した100系電車は一部が「リゾート21」や1000系に機器を譲って廃車になっていたものの現在も伊豆急の主力であり、この代替車としてJR東日本から113系・115系の譲渡を受け200系として使用、2002年からは200系（元の113系・115系）に統一された。

2004（平成16）年10月、東急電鉄の完全子会社となって上場を廃止した。その翌年から東急で余剰の出た8000系を大量に導入、4両＋2両を経て全車3両編成に組み直し、200系でも使用した電気連結器を取り付け、伊豆高原で分割併合するようになっている。一部には新しく運転台を取付けたものもある。なにぶん4扉の通勤用電車であり、その使用結果に興味を集めたが、4つのドアはそのまま海側はドア間6組の固定クロスシートをもうけ、トイレも3両に1か所取り付け、それなりの観光電車に変身した。3両の編成形態はまちまちである。

JR東日本では伊東線専用の車両の配置はなく、東京から直通する一部列車を除いて、すべて伊豆急行の車両が担当し、伊東線と一体化した路線を形成している。

鉄道ファンを喜ばすようなビッグニュースは、伊豆高原検車区の車両移動用器材として保存されていたクモハ103の車籍復帰で、開業50周年記念事業の一つとして行われたものだが、2011（平成23）年11月5日の復活運転以来、貸切運転やイベントに使用されている。

JR車両の乗り入れは現在特急列車に限られて、185系による「踊り子」、251系による「スーパービュー踊り子」があるが、ともに置き換え時期を迎えている。成田エクスプレスのE259系も臨時で乗り入れてくる。またE653系・E657系の投入で余剰になった常磐線の651系をリニューアルした「IZU CRAILE」が登場した。小田原〜伊豆急下田という変則区間で、全車グリーン車による4両編成の観光電車で、特急ではなく快速列車である。

2017（平成29）年の出来事としてはリゾートアルファーを改造して生まれたTHE ROYAL EXPRESS「美しさ、煌めく　旅。」へというリゾート列車の登場であった。このプロジェクトには伊豆急行の親会社である東京急行が推進し、横浜から伊豆急下田を結ぶものである。種車のリゾートアルファーは大改造され、その結果、沿線の美しい風景を愛でるというリゾート21のコンセプトは失われ、車内で料理や居住空間を楽しむという新しい観光列車に変わった。デザインは人気列車「ななつ星」を手掛けた水戸岡栄治氏で、「時刻表には乗らない旅のかたち」として人気を集めている。

老朽化で代替特急電車としてJR東日本ではE261系電車の計画が進んでいる。供食設備を持ち全車グリーン車によるリゾート列車であるという。そして長く「踊り子」として君臨した185系電車の後継車としては、中央本線で役目を終えたE257系電車が転用されることになる。

出発を待つ東京行き特急「あまぎ」、隣には熱海行きの113系が待機中。◎撮影：山田虎雄

伊豆急行は伊豆急下田に向かって左側の車窓に太平洋が広がる。「リゾート21」はこの絶景を満喫するため、海側・山側で全く異なったデザインを採用した。100系の部品転用車2編成を含め5編成が作られたが、現在、このユニークな塗装をした編成はない。
◎伊豆急下田　1985（昭和60）年7月

183系による特急「踊り子1号」。◎伊豆大川〜北川　1981(昭和56)年10月11日　撮影:高橋義雄

185系による特急「踊り子」。◎伊豆高原〜伊豆大川　2019(令和元)年5月10日

デハ3608。開業時の車両不足から、親会社である東京急行からの車両応援を求め、様々な車両が入線した。初期にはデハ3600が入線して旅客輸送に従事したが、デハ3608は両運転台式に改造して貨車牽引使用され、電気機関車ED2511が登場するまで使用された。◎伊豆高原　撮影：久保敏

リゾート21の編成は大きなモデルチェンジが行われ、性能も一新された。しかし2017(平成29)年に入るとさらに魅力ある車両にするべく、大々的な改修工事が行われた。◎熱海駅　2016(平成28)年5月3日　撮影：髙井薫平

このところ「リゾート21」は目的に応じて様々な変身を遂げる。この第3編成は「KINME TRAIN」として伊豆半島の特産品である「金目鯛色」に塗り替えられた。

「リゾート21」の黒船バージョン。下田開港150年を記念して、車体は黒色に塗り替えられた。当初「黒船電車」には第1編成を使用したが、老朽化による廃車により、現在は第4編成が使用されている。

老朽化した車両の置き換え用として、現在、伊豆急行の主役は元・東急の8000系になっている。4扉のオールステンレスカーだが、海側はドア間に8人分のクロスシートを設けている。乗客が減少傾向にあるため、編成を組み替え、3両編成を基本にして伊豆高原駅で増解結を行っている。

クモハ100。伊豆急行が開業に合わせて製造したのは100系22両であったが、想定以上に乗客が多くなった。そのため増備を重ね、「スコールカー」サシ190を加えて53両の大所帯になった。その後、部品をリゾート21に提供するなどして、現在は1両が残るのみとなった。

「THE ROYAL EXPRESS」リゾート21の最終編成を豪華な走るホテルに改装した車両。観光の主目的を車内の接客に置いたので、大きな窓から伊豆の素晴らしい風景を見る機会は失われた感もある。

255系「スーパービュー踊り子」。1990（平成2）年に登場したJR初のリゾート特急電車、乗り入れる伊豆急行の「リゾート21」を意識して前方展望台を採用した。また全車客席の床を上げたハイデッカー構造にしたほか、一部の車両はダブルデッカーになっている。伊豆の海を走るのに最適の車両だが、登場後30年に達するので去就が注目されいる。

「伊豆クレイル」は常磐線の交直流特急車両651系を4両編成にして車内を改装。小田原発着の伊豆急下田行き観光列車として設定された。

狩野川沿いに走る観光と生活路線

伊豆箱根鉄道 駿豆線

いずはこねてつどう　すんずせん

路線DATA
区　間	三島～修善寺(19.8km)
駅　数	13駅
軌　間	1067mm
動　力	電気(1500V)
開業年	1898(明治31)年5月20日

　天城山中を水源とし46余キロ、駿河湾に流れ込む狩野川の川筋には古くから有名な温泉地が点在し、温泉地への湯治客、観光客の足として鉄道の建設が計画されていた。1893(明治26)年9月30日に軽便鉄道王として知られた雨宮敬次郎らが、豆相電気鉄道株式会社設立、翌年4月、豆相鉄道株式会社に社名変更し、下戸狩～修善寺間蒸気鉄道を出願。1896(明治29)年に免許取得した。

　一方、1896(明治29)年5月3日、三島の小柳津五郎、仁田大八郎らによって駿豆電気株式会社が設立された。1898(明治31)年5月20日、豆相鉄道により、現在の駿豆線にあたる鉄道路線が三島町駅(現・三島田町)～南条(現・伊豆長岡)間で開業し、さらに当時の東海道本線三島駅(現・御殿場線下土狩)、三島駅(現・三島田町)間が開業、東海道本線(当時は御殿場線経由)との連絡が便利になった。1916(大正5)年12月7日に豆相鉄道を母体として駿豆鉄道株式会社が設立された。その後、路線の延伸が続き1924年(大正13)年には駿豆鉄道が修善寺駅まで開通し、並行して電化工事も行われた。

　1906(明治39)年11月28日、駿豆電気鉄道により、後に三島軌道線とよばれる路面電車が沼津～三島田町間で開業した。駿豆電気鉄道は1916(大正5)年10月5日に富士水力電気株式会社と合併して電気事業に参入した。さらに1917(大正6)年11月5日、駿豆鉄道は富士水力電気から沼津～三島間の軌道事業を譲受、駿豆鉄道による沼津・三島・修善寺の鉄道網を完成させた。

　電化工事も順調で1919(大正8)年6月に三島駅(現・下土狩)～大仁駅間の電化工事が完成する。1923(大正12)年に駿豆鉄道は箱根土地(現・西武グループ)の経営傘下に入る。

　1934(昭和9)年12月1日、熱海～函南間丹那トンネル開通に伴い東海道本線は熱海経由になり、旧東海道本線は御殿場線と改称した。また旧三島駅は下土狩駅に変更、新線に新しい三島駅ができ、駿豆鉄道も新しい三島駅発着にかわった。

　第二次大戦後は箱根土地会社の業績拡大により、近傍の航路、バス会社、鋼索登山鉄道などを傘下に収め、1957(昭和32)年6月1日に伊豆箱根鉄道株式会社に社名変更し、今日に至っている。静岡県ではないが小田原から出る大雄山線は開業当初は、別会社だったが、現在は伊豆箱根鉄道大雄山線になっている。

モハ54は元国電の戦災復旧車だが、3両編成の増結用として連結面にも運転台を取り付けて両運転台車になった。◎伊豆仁田　◎1966(昭和41)年3月2日　撮影:荻原二郎

○ 三島　みしま　0.0km
○ 三島広小路　みしまひろこうじ　1.3km
○ 三島田町　みしまたまち　2.0km
○ 三島二日町　みしまふつかまち　2.9km
○ 大場　だいば　5.5km
○ 伊豆仁田　いずにった　7.0km
○ 原木　ばらき　8.5km
○ 韮山　にらやま　9.8km
○ 伊豆長岡　いずながおか　11.4km
○ 田京　たきょう　14.2km
○ 大仁　おおひと　16.6km
○ 牧之郷　まきのこう　18.6km
○ 修禅寺　しゅぜんじ　19.8km

モハ55は国鉄クハ65126の戦災復旧車。当時の駿豆鉄道の自社工場で電動車化した。貫通扉はふさがれたが、正面中央窓が扉の分だけ背伸びした形になった。塗り分け線も窓に合わせて持ち上がっている。この車両はのちに再更新されて大雄山線に移った。

　電車は最初架線電圧600Vで、他社から譲り受けた木造電車が主体であったが、戦後は空襲で焼けた国鉄電車の払い下げ車両による戦災復旧車が活躍、その後は親会社である西武鉄道からの譲受車両が戦力になった。1979（昭和54）年から新造車も導入された。最新造車は車内にクロスシートを装備して観光地にふさわしい車両が主力になっている。

　温泉客の利便を図った国鉄からの直通列車の歴史は古く、架線電圧が600Vの時代に、補機回路に小改造を加えた80系電車が準急「伊豆」「いでゆ」「いこい」「はつしま」などの名称で乗り入れていた。また客車による列車もあり、この場合、社線内は自社の電気機関車が牽引した。乗り入れ列車は現在特急に昇格されたが、使用車両は熱海で伊豆急下田行きと別れた「踊り子」の付属編成が乗り入れてくる。車両は1981（昭和56）年以来185系が使用されているが、近くE257系に置き換わるといわれている。

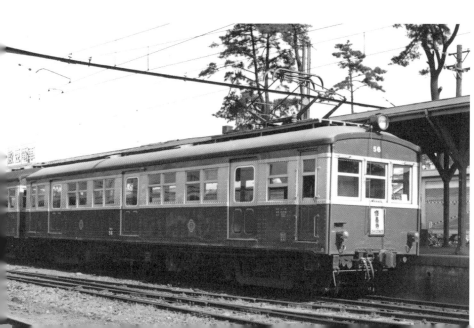

モハ58は国電モハ30の戦災復旧車。オリジナルは二重屋根だが、シングルルーフに変わっている。◎三島　撮影：久保敏

駿豆鉄道モハ32は、1929(昭和4)年に目黒蒲田電鉄から譲り受けた木造電車、その前身は鉄道院デハ6270で仲間も多く、あちこちの関東の私鉄に払い下げられ、さらにこれらの一部は駿豆鉄道に移って主力になった。ポールをつけて活躍した。
◎大場　1939(昭和14)年10月1日　撮影:荻原二郎

東京から伊豆箱根鉄道に乗り入れる湘南準急は急行に格上げされ、使用車両も客車から80系の湘南電車、さらに153系東海型にレベルアップしていった。
◎韮山　1966(昭和41)年3月2日　撮影:荻原二郎

修善寺駅は伊豆半島の中央に位置し、天城峠などの中伊豆の観光地、伊豆西方面への交通の要所である。2014(平成26)年に駅舎は建て替えられた。
◎1964(昭和39)年7月20日
撮影:荻原二郎

クハ22は戦災復旧国電の相棒として使用されていた元省線電車。目蒲電鉄を経て入線した元デハ6282である。
◎三島　1956(昭和31)年7月
撮影:久保敏

伊豆箱根鉄道クハ61は、横須賀線で罹災したサハ48013の更新車、中央に客用扉を増設、新たに運転台を設けた一端は非貫通にして、中央の窓は少し大きい。のちに71に改番、電動車は元国電モハ50005のモハ53。◎大仁　1957(昭和32)年6月23日　撮影:荻原二郎

伊豆箱根鉄道駿豆線を走る157系急行「伊豆」。準急「日光号」で登場した157系は、後に冷房化改造されて伊豆方面に姿を見せた。後に特急「あまぎ」に昇格し、伊豆急下田に直行した。
◎大場　1966(昭和41)年3月
撮影:荻原二郎

上りの準急「いでゆ」。東京に向かう温泉客を乗せた客車準急を東芝の標準型凸型電機が三島まで牽引する。◎牧之郷 1966(昭和41)年11月27日 撮影:荻原二郎

ED11の牽く週末準急。かつて国鉄信越本線のアプト区間で使用されたED4011.4013を電化に備えて払い下げを受け、軸配置D型のまま使用した。その後1953(昭和28)年に戦後軸配置BBの普通の機関車に改造、国鉄の直通列車も牽引した。◎大仁 1957(昭和32)年6月 撮影:荻原二郎

ED31形（33号）電気機関車。600Vから1500Vに昇圧することになり、西武鉄道から1957（昭和32）年にやってきた。1948（昭和23）年東芝製の標準型機関車で各地に仲間が多かったが、歳月を経て現在は残るものは少ない貴重な存在。
◎大場　2010（平成22）年12月
撮影：髙井薫平

伊豆箱根鉄道の最新車両7000系電車。3両編成で中間車は2扉、両端は3扉車。車内は転換式のクロスシートになっている。
◎台場～三島二日町　2018（平成30）年12月　撮影：神崎隆行

他社で働いた伊豆箱根鉄道の車両

　伊豆箱根鉄道から他社へ譲渡された車両は、戦前、中国鉄道、多摩湖鉄道に二軸客車7両を譲渡している。また、電車運転開始時に使用した大阪高野鉄道から譲受した木造単車13～15の3両を多摩湖鉄道に譲渡した。多摩湖鉄道はその後武蔵野鉄道を経て西武鉄道になり、3両とも1955（昭和30）年の1500V昇圧までモハ21～23として使用された。戦後も弘南鉄道、岳南鉄道、大井川鉄道に車両を譲渡している。弘南鉄道には木造電気機関車1号と2号の2両が1943（昭和23）年に譲渡され、弘南鉄道の電化に一役かった。伊豆箱根鉄道が資本参加し設立した岳南鉄道に、弘南鉄道に譲渡した同系の3とED4012、4013、ED301と木造電車3両を譲渡している。

　1991（平成3）年、しばらくぶりに大井川鉄道に戦後初めて製作された新車モハ1001, 1002を譲渡した。大井川鉄道に譲渡する際、モハ1002の電装を解除し、クハ2001となった。大井川鉄道では他車との併結も可能としたが活躍は短く、事故により1992（平成4）年に廃車された。現在、伊豆箱根鉄道から譲渡されて働く現役車両は大井川鉄道に譲渡された戦後初の新車1000系第一編成が、廃車されて1両もなくなったのは大変残念である。

（亀井秀夫）

西武鉄道や国電の中古電車ばかりだった伊豆箱根鉄道が1963（昭和38）年に作ったオリジナル車両の1000系。車内はボックス式のクロスシートだった。
◎1980（昭和55）年1月6日

2005（平成17）年に全廃した1100系が快走する。

軌道線車両の復刻色塗装の3000系。◎三島二日町　2018（平成30）年12月2日

西武鉄道から来た車両を組み直して登場した1300系。
◎大場〜三島二日市　2018（平成30）年12月　撮影：神崎隆行

貨物輸送を担って戦後に開業
岳南電車
がくなんでんしゃ

路線DATA
区　間	吉原～岳南江尾(9.2km)
駅　数	10駅
軌　間	1067mm
動　力	電気(1500V)
開業年	1949(昭和24)年11月18日

デキ1形(デキ2)は営業開始に際して集められた3両の機関車のうちの1両。ドイツアルゲマイネ社製、珍しく軸配置は2軸、昔は宇部で働いていた。
◎1960年代
撮影：小林正義

　1948(昭和23)年12月15日に駿豆鉄道(現・伊豆箱根鉄道)が路線免許を取得、同鉄道が資本金の約半分を出資して岳南鉄道を設立した。1949(昭和24)年11月18日に鈴川駅(現・吉原)～吉原本町間が部分開業し、その後少しずつ路線を伸ばし、1953(昭和28)年1月20日に岳南富士岡～岳南江尾間が開業して全線が開通した。沿線には製紙工場や自動車部品メーカーなど多く、どちらかといえば貨物輸送に軸足を置いた鉄道であった。電気機関車も電車もほとんどが他からの譲受車による開業で、国鉄のほか駿豆鉄道や西武鉄道からの譲受車が楽しかった。

　駿豆鉄道の傘下から離れたのは意外に古く、1956(昭和31)年9月に富士山麓電気鉄道(現・富士急行)系列に移った。老朽化した木造電車は全金タイプのスマートな車両に更新され、うち1両は汽車会社(1972年に川崎重工と統合)の同社最初のセミステンレスカーであった。しかし、古い木造電車の電気品を再利用したこれらの新造車の活躍の期間は短く、その後は小田急電鉄、東京急行などから中古車両を購入、現在は京王電鉄井の頭線のステンレス車両5両だけの小所帯になった。さらに2018(平成30)年度中には、富士急行から2両が転入予定である。

　一方、集められた電気機関車も多種多彩で、中には帝国車両で作った珍しい新車もあり、沿線の製紙工場、自動車部品工場などの輸送を担っていたが、貨物輸送の主体のコンテナ化の普及のあおりで、2012年3月貨物営業を廃止して旅客専門の会社になった。増収活動として今も沿線で盛業中の各工場の夜景を鑑賞する電車の運行もあり、この場合は2両編成の1両の室内灯を落として工場夜景を鑑賞するようになっている。

　2013(平成25)年4月1日 鉄道事業を、子会社の岳南電車株式会社に移管し、鉄道名も「岳南電車」に変わり、主要駅に見られた貨物側線はほとんど撤去された。それでも4両の電気機関車が岳南富士岡の構内に保存され、かつて

吉原	よしわら	0.0km
ジヤトコ前	じやとこまえ	2.3km
吉原本町	よしわらほんちょう	2.7km
本吉原	ほんよしわら	3.0km
岳南原田	がくなんはらだ	4.4km
比奈	ひな	5.4km
岳南富士岡	がくなんふじおか	6.4km
須津	すど	7.3km
神谷	かみや	8.2km
岳南江尾	がくなんえのお	9.2km

かつて富岩鉄道とよばれた富山港線からやってきたクハ21。車体の一端に荷物を置くスペースがあるため、扉の位置が変則的である。◎吉原本町　1959(昭和34)年1月15日　撮影：久保敏

国鉄から払い下げを受けた元・伊那電気鉄道の木造車モハ201。
◎鈴川　1955(昭和30)年7月
撮影：髙井薫平

モハ1100は開業時に集められた木造電車を日本車輌で鋼体化した。スマートな日車の標準車体に生まれ変わったが、台車や機器は古いまま比較的早く淘汰された。
◎撮影：髙井薫平

の貨物輸送華やかだった時代を偲ばせてくれる。

　一時所在する富士市が中心になってJR北海道が開発したDMV(レール上も走れる小型バス)の試運転を行おない、岳南鉄道沿線から新幹線の新富士駅へのアクセスを考えるなど積極的な時期もあったが、JR北海道自体の開発が中止もあってこの計画は断念したようだ。なお、ローカル線のDMV計画は各地で試験や検討がなされ、四国、徳島県の阿佐海岸鉄道で実用化の動きが出ている。

東京急行電鉄5000形「あおがえる」が岳南鉄道にやってきて「赤ガエル」になった。5000という形式は東急のものを踏襲したが、その後に導入した形式もこれに続くものになった。
◎1991(平成3)年　撮影：山田虎雄

デキ3形(デキ3)は、岳南鉄道が営業開始に準備された木造の電気機関車。開業時に親会社だった駿豆鉄道からやってきた。更にそれ以前は南海電鉄高野線の電気機関車だった。◎1959(昭和34)年　撮影:荻原二郎

デキ1形(デキ1)は1928(昭和3)年に宇部電気鉄道の開業用として製造されたもので2両(1.2)が存在した。その後1950(昭和25)年頃、岳南鉄道に譲渡された。◎1957(昭和32)年　撮影:久保 敏

ED402：貨物輸送の近代化のためダム工事輸送の終わった松本電鉄（現・アルピコ交通）から譲り受けた機関車。パノラミックウインドウのスマートな機関車で、岳南鉄道の最後まで貨物輸送に活躍し、現在も岳南富士岡に保存されている。◎2012（平成24）年5月　撮影：髙井薫平

吉原駅の光景は50年前とほとんど変わっていない。ただ構内を埋めていた貨車は姿を消し、電車も転属された京王電鉄井の頭線の3000形を両運転台に改造した7000形が単行で現れる。◎吉原駅　2016（平成28）年9月2日　撮影：髙井薫平

9000形は親会社の富士急行からやってきた元・京王電鉄の5000形、車内はクロスシートで週末などに運転される「夜景電車」にも使用される。◎岳南江尾　2019年2月　撮影：髙井薫平

ED321は三菱電機がアメリカ・WH社の同型機をスケッチして作ったといわれる。パンタグラフは新造時代に1基だったが、岳南鉄道に来てから、のちに2個パンタに改造された。◎比奈　1964(昭和39)年12月　撮影：田尻弘行

まだ東海道新幹線の高架橋のないころ。終点の岳南江尾の構内は電留線を兼ねていたようだ。パンタグラフを上げたままのモハ106はホームから外れて停車し、奥の方にはクハ21がいる。左に半分見えるのは元・西武鉄道の車両のようだ。◎江尾　1959(昭和34)年　撮影：荻原二郎

小田急線からやって来たクハを鋼体改造新車モハ1100が挟んだ3連。通常の2連に1両を増結した時代である。
◎神谷～岳南江見　1975(昭和50)年2月1日　撮影：鈴木重久

静岡と清水を結ぶ都市間電車
静岡鉄道 静岡清水線

じずおかてつどう　しずおかしみずせん

路線DATA
区　間	新静岡〜新清水（11.0km）
駅　数	15駅
軌　間	1067mm
動　力	電気（600V）
開業年	1908（明治41）年5月18日

モハ11は正面が大きくカーブし、戦前の静岡鉄道を代表する好ましい小型電車である。戦後は2両固定編成で使用された。◎草薙　1958（昭和33）年5月　撮影：荻原二郎

　当時の人口50万人弱の県都の静岡市と、人口25万人の旧清水市（現・静岡市清水区）を結ぶ都市間電気鉄道で、かつては両市内に市内線があり清水市内線との乗り入れも行なわれていた。両市の市内線区間は既に廃止され、静岡市葵区と清水区民の足は2002（平成14）年10月から、分離独立した「しずてつジャストライン」のバスに引き継がれている。2008（平成20）年に両市が合併して以来、静岡市は政令指定都市の基準である人口70万人を維持してきたが、近年の人口はやや減少傾向にある。

　静岡清水線は地方中堅都市の私鉄としては珍しく広島電鉄とともに全線複線であり、朝の時間帯には急行、通勤急行電車を運転し、日中でも7分間隔で、地方都市の電鉄ではきわめて運転回数が多い。

　沿線には徳川家康ゆかりの名所、名刹も多く、日本平の東照宮へは自社のロープウエイも設けられ、静岡清水線の主な駅からハイキングコースや観光地めぐりのコース整備が積極的に行われている。東海道本線の列車が清水を出るとすぐ左手から静岡鉄道の線路が近づいて暫く並走する。必ず1〜2本の電車に出会うのは昔も今も変わらない。

　1908（明治41）年に軽便鉄道として発足した当時は、蒸気機関車の一部は熱海軽便鉄道から転じたものもあった。全国規模の大日本軌道の静岡支社となり、その後、電気事業を起こした駿遠電気の手に移り、電化改軌も実施された。電車化後はユニークな小型ボギー車が投入され、これらの電車は清水市内の軌道区間を港橋まで乗り入れるため、道路上から乗り降りできるステップを持っていた。また静岡市安西地区から茶葉を清水市内の港橋まで運ぶた

300形は自社工場で初めて作ったカルダン駆動電車。車体は前作の100形に準じているが、電機品は当時として最新のものを採用した。◎古庄〜運動場前（現・県総合運動場）

新静岡	しんしずおか	0.0km
日吉町	ひよしちょう	0.5km
音羽町	おとわちょう	1.0km
春日町	かすがちょう	1.5km
柚木	ゆのき	2.1km
長沼	ながぬま	2.9km
古庄	ふるしょう	3.8km
県総合運動場	けんそうごううんどうじょう	4.8km
県立美術館前	けんりつびじゅつかんまえ	5.7km
草薙	くさなぎ	6.4km
御門台	みかどだい	7.4km
狐ヶ崎	きつねがさき	8.3km
桜橋	さくらばし	10.0km
入江岡	いりえおか	10.3km
新清水	しんしみず	11.0km

目黒蒲田電鉄からやって来た木造車を、戦後、自社の長沼工場で鋼体化して3両編成で登場させた。静岡鉄道では唯一の3両編成だったと記憶している。◎長沼

A3000は久々に登場した軽重ステンレスの高性能電車。数年をかけて全車12編成が置き換わる。◎新静岡〜日吉町　2016（平成28）年　撮影：村松寛斗

静岡鉄道の創業100年を記念したA3000のラッピング車両。◎2019年1月　撮影：村松優斗

め、荷物電車が静岡市内線にも乗り入れていた。

　1943（昭和18）年5月15日に静岡電気鉄道、藤相鉄道、中遠鉄道、静岡乗合自動車、静岡交通の5社が合併し、現在の静岡鉄道が発足した。また、静岡清水線は1945（昭和20）年12月1日に軌道法から地方鉄道に変更したが、架線電圧は600Vのままで現在に至っている。

　車両は路面電車から発展したため全長13メートルクラスの小型電車が多く、また車両不足であったので、戦時中には他社から中古車両の提供を受けている。他社からの転入車は木造電車を除くと在来車に比べるとかなり大型車だった。戦後は自社長沼工場での車両更新、その後は車両の新造も手掛け、大型化（17メートルクラス）が進んだ。また、車両がオールステンレスカーの1000形に変わるまで自社の長沼工場で車両の新造を行っていた。自社工場での改・新造は静岡鉄道の得意とするところで、静岡清水線の長沼工場のほか、駿遠線の袋井工場、大手工場でも競って盛んに行われた。

　現在は1973（昭和48）年から導入されたオールステンレス製1000形MT 2両編成、12編成に統一されていたが、1985（昭和60）年まで製造された1000系も、古いものはすでに車齢も40年を過ぎており、そろそろ代替の時期をむかえており、2016（平成28）年には新型電車A3000系が登場して営業に入った。「sizuoka　rainbou　train」」と称する7色の電車は「ClearBlue」がまず登場、第2編成「「Passion Red」さらに第4編成までが登場した。今後は毎年増備を続けて、数年をかけて置換わる予定であるが、鉄道友の会が毎年選定しているローレル賞を、2017（平成29）年度に受賞している。現在地方の私鉄の経営は苦しいところが多く、老朽化した車両の取り換えは首都圏などの大手私鉄やJRからの中古車導入が最近の傾向であり、純然たる新造車の投入は例が少ない。

◎新清水　1954(昭和29)年
撮影：髙井薫平

クモハ100形は軽快な電車だ。小型車の近代化が一段落した長沼工場では、1961(昭和36)年から17メートル、両開き扉の3扉車を製造することになった。スタイルは大手私鉄にも負けないものだったが、制御機器を除いて中古品が用いられた。最初は単行運転だったが、後に2両編成になり、片運転台式に改造された。
◎1963(昭和38)年　撮影：髙井薫平

クモハ300形は100形のスタイルを踏襲したが、新型台車を履いたカルダン駆動の新造車である。クハ300と固定編成を組む。長沼工場製の車両はすでに姿を消したが、大部分の車両は各地の地方鉄道を第二の職場として活躍した。◎1970(昭和45)年
撮影：田尻弘行

200形は1939（昭和14）年に木南車両で生まれた戦前の静岡鉄道を代表する軽快な車両。空襲で罹災したが復活し、その際、時世に合わせて3段窓になった。その後モハ6（下の写真）になりクハ6と編成を組んだ。
◎鷹匠町車庫　撮影：江本廣一

上の200形のその後の姿。相棒のクハ6は自社新造の新しい車体を持つ。◎運動場前（現・県総合運動場）　撮影：園田正雄

静岡鉄道の20は戦後の車両不足に対処して、国鉄で廃車になった元鶴見臨港鉄道からの買収国電。17メートルクラスの大型車で、もっぱら単行で使用された。
◎新静岡　1958（昭和33）年3月　撮影：荻原二郎

モハ21とクハ21。1957（昭和32）年秋の国体に合わせて自社長沼工場で新製した。電気品や台車などは中古品を使用したというが、なかなか好ましい小型車に仕上がった。◎1957（昭和32）年6月

1000系は1973（昭和48）年に登場したオールステンレスカー。1985（昭和60）年に12編成が揃って全車置き換わった。4編成が冷房付きで投入、その後、非冷房の8編成も改造されて全車の冷房化も完了したが、登場から40年が経過、長期計画で新車と置き換わる予定である。

モハ500は1949（昭和24）年に登場した初の大型電車。東京急行に併合された元池上電気鉄道の車両。戦後行われた運輸省指導による大手私鉄による地方救済策の一つで2両が入った。500、501を名乗ったが、その後モハ16、17と通し番号になった。◎草薙　1949（昭和24）年
提供：山梨写真館

近代化を図るため1966(昭和41)年から新造したオールステンレスカー1000形。戦後初の車両メーカー製になったが、製造後30年が過ぎ、新しい車両に置き換えが始まった。

東京急行からやって来た500.501は1号からの連番で16.17になった。在来の車両に比べ収容定員が大きいので、もっぱら単行運転だった。
◎1954(昭和29)年6月
撮影:髙井薫平

右手のモハ2は東横電鉄の木造車を自社で鋼体化した車両。左側の2.5も自社製造車だが、かなりスマートになった。その間に小さくクハ5が見える。◎長沼車庫 1959(昭和34)年6月 撮影:髙井薫平

蒸気機関車が走る観光路線
大井川鐵道 大井川本線

おおがわてつどう　おおいがわほんせん

路線DATA
区　　間	金谷〜千頭（39.5km）
駅　　数	19駅
軌　　間	1067mm
動　　力	電気（1500V）
開業年	1927（昭和2）年6月10日

千頭に停車中の元・南海電鉄のクロスシートカー21000系。
◎2015（平成27）年6月　撮影：髙井薫平

　大井川鐵道は大井川奥地の森林資源と大井川の水利による電源開発の資材輸送を目途に建設された。奥地から森林資源は上流から筏流しで下流に運んでいたので、それがダム建設などによって分断されることになり、ダム建設によって使えなくなる筏流しを鉄道輸送に移す大目的があった。しかし、現在は沿線人口の減少により旅客輸送は伸び悩み、電源開発建設工事も一段落することによって貨物輸送も減り、どこの地方鉄道によく見られる赤字ローカル私鉄の常連になった。

　ここで大井川鐵道が打った秘策とは、当時ほとんど全国の鉄路から姿を消していた蒸気機関車を全国から集めて、千頭〜金谷間にSL列車を走らせることであった。そして1976（昭和51）年から国鉄から譲り受けたC11による観光列車の運転を開始した。最盛期には1日に3列車の設定もあり、機関車もC11のほかC108（岩手県宮古のラサ工業所有）、タイから奇跡の復員を遂げたC5644、わが国最初のナショナルトラスト運動によるC12などの車両を受け入れるなど多士済々である。

　しかし大井川鐵道のSLブームは近年やや陰りがみられるようだ。それは金谷〜千頭間約40kmの運賃の高さ（金谷〜千頭910円）も一因である。しかも近年SL列車の始発は、JRとの連絡駅である金谷でなく、車両基地のあるお隣の

元西武鉄道の500形はもともと3扉のロングシート車だったが、大井川鐵道への譲渡に際して2扉クロスシート車に改造。大井川鐵道では長く愛用された。

金谷	かなや	0.0km
新金谷	しんかなや	2.3km
代官町	だいかんちょう	3.8km
日切	ひぎり	4.3km
五和	ごか	5.0km
神尾	かみお	9.8km
福用	ふくよう	12.3km
大和田	おわだ	14.8km
家山	いえやま	17.1km
抜里	ぬくり	18.8km
川根温泉笹間渡	かわねおんせんささまど	20.0km
地名	じな	22.9km
塩郷	しおごう	24.3km
下泉	しもいずみ	27.4km
田野口	たのぐち	31.0km
駿河徳山	するがとくやま	34.1km
青部	あおべ	36.1km
崎平	さきだいら	37.2km
千頭	せんず	39.5km

モハ301は木造の元省線電車で三信鉄道に払い下げられた後、国鉄に買収され、廃車後電化したばかりの大井川鐵道にやってきた車。後にJR東海のリニア館に保存された。◎1965(昭和40)年5月 撮影:髙井薫平

クハ504は1962(昭和37)年に西武鉄道からやってきた全鋼製の車両。

新金谷に変わった。新金谷の構内は整備され、各地から観光客を運んでくる大型バスの大駐車場も設けられている。しかし近年、ツアー会社も頭を絞り、乗ってきたバスを活用して、途中駅、家山に注目、新金谷〜家山、家山〜千頭とSL列車体験乗車区間を2分割して乗車するように変わってきている。したがって運賃収入は減り、区間によってはガラガラのSL列車が走っている。さらに2012(平成24)年から行政指導で一人のドライバーによる観光バスの1日の走行距離が制限され、大井川観光で日帰りコースが作りにくくなり、観光バスによるSL観光も減少している。

蒸気機関車の補機を務める電気機関車は1949(昭和24)年11月の電化時に導入した古強者で、老朽化が目立ち、近年、西武鉄道からのE31の譲渡を受けて2両の整備が完成した。

一般の地元居住者を対象にした電車群は電化以来様々な車両が活躍した。初期には買収国電や親会社であった名古屋鉄道などから集められたが、観光鉄道の色彩も強くなって他社、小田急、南海、京阪、近鉄などで活躍した

クロスシート車が活躍したが、2015(平成27)年に入り単行運転も可能な3扉ロングシートのステンレスカーを、廃止された十和田観光電鉄の元東急の7200形を購入して使用を開始した。ただ監督官庁の指導で現在は2両編成で使用されている。数年前から乗客減少の目立つ一般の電車の運転回数は削減されて不便になっている。JRとの相互乗り入れも連絡線路がなくなって実質的には独立した路線になった。

増収のための施策にもアイデアを絞っていて、2014(平成26)年に入って人気キャラクタ「トーマス」を模したSL列車を走らせて観光客の誘致に努め、さらにC5644を使った「ジェームス」も登場した。

1944(昭和19)年に名古屋鉄道の資本が入り、名鉄グループの一員として人事的な交流もあったが、現在は名鉄の経営から外れ、2015(平成27)年8月から北海道の観光会社に経営を委ねられ、トーマス、ジェームスを中心に据えた各種イベントを積極的に展開、観光鉄道へのさらなる進化を歩み出している。

大井川鐵道のクハ500は元・富士身延鉄道の車両で、車内はクロスシート、同じく富士身延鉄道の電動車と編成を組んでいた。
◎新金谷 1971(昭和46)年5月10日 撮影:園田正雄

大井川鐵道1号機関車。大井川本線のSL運転が始まる前、井川線の客貨車を使って千頭〜川根両国間で試行されたSL運転。機関車は個人所有だったドイツ製の小型機で、現在は新金谷のロコプラザで保存されている。
◎千頭〜川根両国 1980(昭和55)年頃 撮影:渡辺定住

廃止になった十和田観光電鉄からやってきた元・東京急行の7200形。十和田に入る際に両運転台式に改造され、大井川鐵道でも単車運転で経費節約をもくろんだが、許認可の関係か、2両連結で運転されている。◎笹間渡 2019(平成31)年2月 撮影:髙井薫平

ED105はダム工事による資材輸送増強のため、国鉄から払い下げを受けた阪和電鉄買収のED382である。活躍の期間は短く、ダム工事終了後は秩父鉄道に譲渡され、現在、三峰口に保存されている。◎新金谷　1965(昭和40)年5月　撮影：髙井薫平

E101の牽く貨物列車。多かった建設資材輸送の列車ではなく、沿線住民、農家へ物資を運んでいた時代の貨物列車である。◎千頭　1965(昭和40)年5月　撮影：髙井薫平

モハ1100は岳南鉄道から来たステンレスカー。もともと汽車会社(現・川崎重工)で作った試作的要素が強かった。電機品は古い木造電車からの転用で、大井川鐵道で走ることは少なかったようだ。◎千頭　1983(昭和58)年5月28日　撮影：荻原二郎

2109号によるSL試運転。パンタグラフを下したモハ302とクハ502を客車に見立てて、西濃鉄道から来た2109による本線上での蒸気機関車の試運転が開始されたが、実際は千頭〜川根両国間にとどまった。◎1971(昭和46)年10月 提供:毎日新聞社

2109号は大井川鐵道のSL運転のきっかけになった機関車である。本線の運転は少なかったが千頭で釜に火が入った。その後、金谷駅の側線にあったが、日本工業大学に教材として移り、今も現役である。大井川鐵道には岐阜県の西濃鉄道からやってきた。◎1970(昭和45)年12月27日 撮影:園田正雄

C11190が牽く定期SL急行。SL運転が売りの大井川鐵道では、平常時でもほぼ毎日1往復のSL急行が運転されている。オフシーズンの客車は3両と短いが、後部には電気機関車の補機が連結される。◎千頭 2019(平成31)年2月 撮影:髙井薫平

クモハ6000は北陸鉄道河南線で活躍したロマンスカーを譲り受けたもの。導入時は昇圧工事を行って使用していたが、保守に手を焼き、ついに電装をおろしてトレーラーとなり、スタイルのまったく違う電動車に引かれることになった。写真はまだ自力走行していた頃の珍しい記録。◎千頭　撮影：荻原二郎

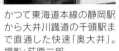

かつて東海道本線の静岡駅から大井川鐵道の千頭駅まで直通した快速「奥大井」。撮影：荻原二郎

電化以来50年以上使用してきたE10の代替機として西武鉄道のE31を3両譲り受け、2018(平成30)年から使用を開始した。◎千頭

C5644は太平洋戦争の際にビルマへ渡ったC56の1両。篤志家の手で2両が奇跡の復員を果たして1両は靖国神社に奉納。大井川鐵道に来たこの車は見事、現役に復帰した。

一部の客車では懐かしい白熱灯が灯っている。
◎2018(平成30)年10月
撮影：髙井薫平

モハ200は大井川鐵道最初の電車で、元豊川鉄道の木造車である。モハ301.2に比べて低馬力だったので、201.202はいつも手をつないで走っていた。◎金谷　1963(昭和38)年7月　撮影：園田正雄

モハ301は元三信鉄道買収の元省線電車。中央の扉を埋めて2扉に改造されていた。501.502という制御車とMT編成で使用されたが、復元工事が行われてJR東海のリニア館に保存されることになった。◎1970(昭和45)年12月2日

トーマスは1945(昭和20)年にイギリスのウイルバー・オートリによって創刊された「汽車の絵本」をもと作られた機関車を主人公にした物語。この世界を具象化した鉄道はイギリスに多く見られる。大井川鐵道はわが国で一番積極的な鉄道といえる。大井川鐵道のトーマスはC11を使用し、客車は明るいオレンジ色に塗り替えられている。◎川根温泉笹間渡〜抜里　2016(平成28)年8月16日

小田急電鉄からSSE車の譲渡を受けて特別列車として使用したが、保守に手を焼き、折から運転を開始した「SL急行」の人気もあって1993（平成5）年3月に廃止された。◎1983（昭和58）年5月29日　撮影：荻原二郎

北陸鉄道河南線から来た日本車輌最初のアルミカーである6010系。電機品は中古品の再利用だが、大井川鐵道では重宝に使われた。廃車後は故郷の山中温泉に戻り、道の駅に保存されている。

アプト区間が売りの観光路線
大井川鐵道 井川線

おおいがわてつどう いかわせん

路線DATA
区　間	千頭～井川(25.5km)
駅　数	14駅
軌　間	1067mm
動　力	内燃、電気(1500V)(アプト区間)
開業年	1935(昭和10)年3月20日

千頭駅で出発を待つ機関車。左はDD104が牽く重量貨物、右はDBが牽引する。DBはまだ運転台の改善が行われていない。◎千頭　1965(昭和40)年7月　撮影：髙井薰平

　大井川鐵道は大井川の森林開発、電源開発を目的に建設された鉄道で、井川方向に行くためには大井川本線の終点、千頭からは井川線に乗り換えねばならない。それは現在、井川線が軌間は同じ1067mmでも1935(昭和10)年に電源開発の専用鉄道として建設されたとき、軌間762mmでスタートしたので軽便鉄道並みの規格で作られたためで、車両は本線のほぼ3/4の大きさである。連結器の高さも違い、建設資材を井川線の貨車にのせて本線から直通させ

るには2つの連結器を持つ特殊な緩急車を機関車と貨車の間に連結した。井川線は現在も電力会社の所有で、運転管理を大井川鐵道が行っている。

　1990(平成2)年には井川線の途中に大井川の治水と利水を目的とした大井川では初めての多目的ダム、長島ダムが建設されることになり、路線の変更が必要になって、このアプトいちしろ～接岨峡温泉間を新線に切り替え、アプトいちしろ～長島ダム間を電化、この区間に90‰の勾

DD104は、1954(昭和29)年に日立製作所で生まれた。工事が一段落して余剰になったので上武鉄道に譲渡された。◎千頭　1969(昭和44)年7月　撮影：髙井薰平

1954(昭和29)年に日立製作所で生まれたBBディーゼル機関車。その後ダム工事が一段落して余剰になったので、上武鉄道に譲渡された。
◎千頭　1965(昭和40)年7月　撮影：髙井薫平

配を持つアプト区間が完成。これも現在、井川線観光の目玉の一つになっている。これにより井川線の愛称は「南アルプスあぷとライン」になった。

井川線観光のもう一つの目玉は長島ダム(接阻湖)の中に作られた奥大井湖上駅で、駅の前後には巨大な歩道橋(レインボーブリッジ)があり、駅にはHappyHappyBellと称する「幸せを呼ぶ鐘」が設けられ若い人たちの人気を集めている。

なお大井川には電源開発を目的とした田代(1927年完成)、大井川(1935年完成)、奥泉(1956年完成)、井川(1957年完成)、畑薙第二(1961年完成)、畑薙第一(1962年完成)と6つのダムがあるがこれらはすべて中部電力の発電所用のダムである。これらの発電所建設工事の資材輸送には井川線が利用され、かつては井川駅からトンネルをぬけて井川湖畔に出て、堂平まで路線があったがダム建設が終了されたのち、廃止され線路跡はレールを残したまま遊歩道に転用されている。堂平までは様々な資材が貨物列車により運ばれていたが、資材輸送が完了した現在、ボギー貨車の多くが客車に改造され、増え続ける観光客を運んだ。

しかし、現在、諸般の事情で列車の運転本数は減少傾向にある。さらに2017(平成28)年夏まで沿線被害のため接阻峡温泉以遠の運行は中止されていた。現在は復旧したものの、利用客は減少している。

列車はディーゼル機関車が牽引するが、井川に向かう列車は最後尾に機関車を連結し、推進運転する。そのため先頭にはクハ600という制御車が付く。アプト区間ではディーゼル機関車の後ろに専用機関車ED90形電気機関車が連結されるので、この区間を運転する運転士は、動力車と電気車運転免許の両方を所持している。客車はトロッコ風だが、ほとんどが電発電源開発建設に活躍したボギー貨車からの改造である。

○ 千頭　せんず　0.0km
○ 川根両国　かわねりょうごく　1.1km
○ 沢間　さわま　2.4km
○ 土本　どもと　3.9km
○ 川根小山　かわねこやま　5.8km
○ 奥泉　おくいずみ　7.5km
○ アプトいちしろ　あぷといちしろ　9.9km
○ 長島ダム　ながしまだむ　11.4km
○ ひらんだ　ひらんだ　12.6km
○ 奥大井湖上　おくおおいこじょう　13.9km
○ 接岨峡温泉　せっそきょうおんせん　15.5km
○ 尾盛　おもり　17.8km
○ 閑蔵　かんぞう　20.5km
○ 井川　いかわ　25.5km

関の沢鉄橋を渡るホッパー列車。この鉄橋は高さが70.8メートルあり、日本で2番目の高さを誇ったが、1位の高千穂橋梁が高千穂鉄道廃止になったので、日本一高い鉄橋となった。列車は最徐行して車掌による観光案内がある。◎1961(昭和36)年7月　撮影:上野巌

ED901は新しくできたアプト区間専用の電気機関車。1990(平成2)年に3両が日立製作所で製造された。これまでの井川線の車両に比べ、一般の車両並みの大きさになった。高さの違いはこの写真の手前のDD20形ディーゼル機関車と比べると面白い。◎長島ダム　1965(昭和40)年7月　撮影:髙井薫平

大井川鐵道井川線のミニ列車が地元住民の足だった頃の風景。◎閑蔵　1969（昭和44）年9月26日　撮影：吉田康介

大井川鐵道井川線でのDBが牽く列車の行き違い。◎1971（昭和46）年5月9日　撮影：園田正雄

DB51は産業機関車専業の加藤製作所が作った凸型機関車、チェーン駆動の多い加藤には珍しくサイドロッド付であった。2両作られたが、その後大型のD型機関車にその座を奪われて他社に売却された。◎川根両国　1966(昭和41)年9月　撮影:風間正美

奥大井湖を渡る。アプト区間ができてから井川線の列車は麓方に機関車が付き、井川行きは推進運転になっている。列車は井川線の名所奥大井湖上駅に到着する。◎2010(平成22)年6月

ダム関連工事が一段落したことで余剰となったボギー貨車の台枠や台車を使って生まれた客車群が、現在の井川線の主力となっている。スロニという形式は、ステンレス製の展望室が客車として認可されず、手荷物室扱いとなったことによるものである。◎千頭駅

DD200は井川線の主力機関車。1982 (昭和57) 年から5年をかけて6両が揃った。ロートホルン型と称し、エンジンは小松/カミンズ335CP、トルコン駆動、多客時には2列車併結の長大編成列車も走る。それぞれROT HORN, OKAWA, BRIENZ, SUMATA, AKAISHI, HIJIRIと提携先のスイスや沿線に関連する愛称名がつけられている。

大井川鐵道新金谷「プラザ」。新金谷駅前にある小さな博物館、お土産コーナーも充実しているが、千頭構内で走った蒸気機関車など3両の車両が展示され、SL列車を待つ観光客で賑わっている。

生まれは軽便鉄道、市民の重要な足
遠州鉄道
えんしゅうてつどう

路線DATA

区　　間	新浜松〜西鹿島（17.8km）
駅　　数	18駅
軌　　間	1067mm
動　　力	電気（750V）
開業年	1909（明治42）年12月6日

モハ21は、1956（昭和31）年6月に投入した近代化車両の第1号といえる。また最後の両運転台を持つ電車で、以後の新車は2両連結で製造されている。長く続いた2枚窓スタイルはこの車両が最初である。◎遠州西ヶ崎　1956（昭和31）年8月　撮影：髙井薫平

　東海道本線の浜松駅を出て、バスが出入りする駅前左方向の商業施設を通り抜けたところに遠州鉄道の新浜松駅がある。市内を抜けてきた高架橋はここで終わり、高架線は西鹿島に向かって単線で浜松市街を貫いている。

　市内の高架線化は1985年（昭和60）年12月1日の新浜松〜助信間を皮切りに、2011（平成23）年10月13日に芝本までの約5kmの高架化が完成し、これで高架化は一段落した。特筆すべきは全線単線、全18駅中16駅が交換可能で、これにより早朝・深夜の一部を除いて12分間隔、1時間あたり5列車のネットダイヤが可能になった。列車編成は全車2両固定編成で対応し、朝夕のラッシュ帯や金曜日の深夜帯には2組を連結した4両編成も走る。全線複線で7分間隔、全列車が2両編成で走る隣の静岡鉄道静岡清水線とは好対照である。車両も毎年のように独特のデザインの新車が1〜2編成ずつ投入されており、吊り掛け式抵抗制御車は2018（平成30）年に最後の1編成が現役を引退した。

　1907（明治40）年に762mm軌間の軽便鉄道である浜松鉄道株式会社として設立されたが、1908（明治41）年、大日本軌道株式会社に吸収されその浜松支社となる。1909（明治42）年、天竜川の川運と連絡する中ノ町線（遠州馬込〜中ノ町駅間5.2km）と北遠の二俣を目指す鹿島線（後の二俣線、現・西鹿島線）が開業、1914（大正3）年には笠井線（遠州西ヶ崎駅〜笠井駅）が開通する。

　1919（大正8）年10月12日には大日本軌道から遠州軌道に経営が移り、さらに1921（大正10）年8月17日に遠州軌道が遠州電気鉄道に社名変更し、翌年から改軌電化工事がはじまる。1923（大正12）年4月1日に遠州浜松〜遠州二

1958（昭和33）年から毎年のように増備された赤いモハ30が西ヶ崎車庫に並ぶ。21.22に比べ車体幅が200mm近く広がった。モハ30系はクハ80形とMT編成を組み部品流用車を含めて13編成（うち2編成はMM編成）が作られた。冷房装置がなかったので1980（昭和55）年から廃車が始まり、1000.2000形に置き換わった。

キハ801。遠州鉄道は西鹿島終点から天竜川を渡り、遠江二俣の町に乗り入れの夢を持っていたが、架橋に架かる莫大な投資を避け、西鹿島から国鉄二俣線に乗り入れることにした。新車主義の遠州鉄道としては珍しく、気動車は新造せず、国鉄からの払い下げ車両によって、浜松からの直通運転が実現した。◎遠州西ヶ崎　1967(昭和42)年3月1日　撮影：荻原二郎

遠州鉄道54＋12。西鹿島線戦後最初の新車で、しかも最初のセミスチールカーだった。初めてMT単位で製造された。
◎西鹿島　1958(昭和33)年8月9日　撮影：荻原二郎

遠州鉄道クハ62。西鹿島線最初の固定編成車。以後遠州鉄道では2両編成で作られてきた。
◎西鹿島　1958(昭和33)年8月9日　撮影：荻原二郎

俣間の改軌工事が完成するが、1925(大正15)年に中ノ町線・笠井線を浜松軌道株式会社として分離し、中ノ町線、笠井線、それに傍系の西遠鉄道は軌間762㎜の非電化区間のまま残された。

762㎜区間の中ノ町、笠井線の動力は小さな蒸気機関車に依っていたが、乗合自動車との競争が厳しく、1929(昭和4)年12月にガソリンカーの元祖というべき日本車輌の軌道自動車を登場させた。しかし乗客の減少はいかんとならず1937(昭和12)年2月18日に遠州馬込～中ノ町間5.8kmが全線廃線になり、続いて笠井支線、および運行を受託していた西遠鉄道路線も廃止された。

1943(昭和18)年11月1日、浜松近在の6社が合併し遠州鉄道株式会社が設立する。その後の遠州鉄道は、西鹿島から先、二俣の町に至るための天竜川の架橋は諦めた、その代わり国鉄二俣線に遠州二俣(現・西鹿島)から乗り入れることとし、1958(昭和33)年に国鉄のキハ04形3両を譲り受けて浜松から遠江二俣までの直通運転が実現した。乗り入れはその後、遠江森まで延長されたが、1966(昭和41)年に乗り入れは終了し、気動車は北陸鉄道に譲渡された。

この乗り入れ用のディーゼルカー、キハ800と一部の電気機関車を除いて電車は新造車を採用、地方私鉄では希有な存在であり、製造ロットは少ないが、その時折々の最新技術を採用した新造車が登場し、現在は1000形・2000形というMT編成の3扉車両に統一された。

1985(昭和60)年12月1日に鉄道線新浜松～助信間の高架化(遠州馬込駅廃止)により、遠州馬込駅のスイッチバックはなくなった。浜松市民には「赤電」と親しまれ、2014(平成26)年現在、浜松市内を縦断して、新浜松～遠州芝本間には直流750V単線の高架軌道が延びている。

西鹿島で遠州鉄道の電車と並ぶ浜松電気鉄道の単端式ガソリンカー、社名は変わったが軽便鉄道のまま終焉を迎える。所蔵：白土貞夫

遠州馬込で待機する中ノ町線のガソリンカー。社名を浜松電気鉄道に改称するが、実態を伴ったものではなかった。所蔵：白土貞夫

大日本軌道浜松支社時代の光景。長い煙突の「へっつい機関車」がオープンデッキのボギー客車を牽いていく。所蔵：白土貞夫

遠州鉄道モハ1＋モハ2。2両編成の木造電車が急行の運用に入っていた。総括制御になっていたが、ドアエンジンはなく手動とびらによる旅客営業は今では考えられない。◎遠鉄濱松 1960（昭和35）年3月13日 撮影：荻原二郎

西ヶ崎駅の駅舎。◎1967(昭和42)年3月1日　撮影：荻原二郎

モハ14は第二次大戦後に大量投入された運輸省規格型電車。遠州鉄道にとっては最初の半鋼製車両であった。◎1956(昭和31)年6月

電化の際に2両が製造された貨物用電動貨車モワ201。当時は電気機関車が無かったため、貨物列車の先頭にたっていた。

電車は現在、2両固定編成に統一されているが、朝のラッシュ時には4両編成電車が設定されている。

現在、車両は1000形(写真右)とVVVF制御の2000形に統一され、写真左の50形の運転は見られなくなった。

- ○ 新浜松　しんはままつ　0.0km
- ● 第一通り　だいいちどおり　0.5km
- ● 遠州病院　えんしゅうびょういん　0.8km
- ● 八幡　はちまん　1.6km
- ● 助信　すけのぶ　2.4km
- ● 曳馬　ひくま　3.4km
- ● 上島　かみじま　4.5km
- ● 自動車学校前　じどうしゃがっこうまえ　5.3km
- ● さぎの宮　さぎのみや　6.6km
- ● 積志　せきし　7.8km
- ● 遠州西ヶ崎　えんしゅうにしがさき　9.2km
- ● 遠州小松　えんしゅうこまつ　10.2km
- ● 浜北　はまきた　11.2km
- ● 美薗中央公園　みそのちゅうおうこうえん　12.0km
- ● 遠州小林　えんしゅうこばやし　13.3km
- ● 遠州芝本　えんしゅうしばもと　15.0km
- ● 遠州岩水寺　えんしゅうがんすいじ　16.3km
- ○ 西鹿島　にしかじま　17.8km

浜松電気鉄道笠井線
はままつでんきてつどう　かさいせん

路線DATA

区　間	遠州西ヶ崎～遠州笠井（2.4km）
駅　数	4
軌　間	762mm
動　力	蒸気・内燃
開業年	1914（大正3）年4月7日
廃止年	1944（昭和19）年12月10日

- ○ 遠州西ヶ崎　えんしゅうにしがさき　0.0km
- ● 万斛　まんごく　…
- ● 女学校前　じょがっこうまえ　…
- ○ 遠州笠井　えんしゅうかさい　2.4km

浜松電気鉄道中ノ町線
はままつでんきてつどう　なかのまちせん

路線DATA

区　間	遠州浜松～中ノ町（6.7km） 中野町～国吉（貨）（0.5km）
駅　数	18（貨物駅除く）
軌　間	762mm
動　力	蒸気・内燃
開業年	1909（明治42）年3月3日
廃止年	1937（昭和12）年2月18日

- ○ 遠州浜松　えんしゅうはままつ　0.0km
- ● 新町　しんまち　0.4km
- ● 南新町　みなみしんまち　0.6km
- ● 馬込貨物（貨）　まごめかもつ　…
- ● 遠州馬込　えんしゅうまごめ　0.9km
- ● 馬込橋　まごめばし　…
- ● 木戸　きど　…
- ● 賽天堂前　さいてんどうまえ　…
- ● 天神町　てんじんまち　1.3km
- ● 天神町東　てんじんまちひがし　2.0km
- ● 植松　うえまつ　2.6km
- ● 放送局前　ほうそうきょくまえ　…
- ● 永田　ながた　3.7km
- ● 橋羽　はしわ　4.3km
- ● 薬師　やくし　5.0km
- ● 安間橋　あんまばし　…
- ● 安間　あんま　5.9km
- ● 萱場　かやば　6.2km
- ○ 中ノ町　なかのまち　6.7km

モハ2000形は抵抗制御の1000形のモデルチェンジ車で、車体はあまり変わらないが制御方式はVVVF制御に変わった。前面の大きな窓は1000形と同じで遠州鉄道の顔になった。

工事用としてただ1両残った電気機関車ED282は1925(大正14)年、イギリス生まれの骨董品、すでに車齢は90歳を超えた。飯田線の一部である豊川鉄道からの引き継ぎ車で、地元に近い浜松で余生を送る。◎遠州西ヶ崎　2016(平成28)年8月　撮影：髙井薫平

静岡県唯一の第3セクター鉄道
天竜浜名湖鉄道 天竜浜名湖線
てんりゅうはまなこてつどう　てんりゅうはまなこせん

路線DATA

区間	掛川〜新所原(67.7km)
駅数	39
軌間	1067mm
動力	内燃
開業年	1940（昭和15）年に開業した国鉄二俣線を1987（昭和62）年3月15日に転換して1987（昭和62）年3月15日に開業。

　1940（昭和15）年に全通した国鉄二俣線は、当初、掛川から中央本線の恵那に向かう路線として計画されたものの、戦時非常時の東海道本線の迂回線としての需要が深まり、計画を変更して東海道本線の新所原に向かって建設された。そのために、駅構内の交換設備は長編成の列車に対応できるよう作られていた。二俣線の線路規格は乙線で、実際に浜松市の空襲のときなどには迂回運転が行われた。

　沿線には大きなセメント工場もあり、貨物輸送が活発であった。機関車はC58形蒸気機関車が使用されたが、晩年はDE10形ディーゼル機関車が用いられた。旅客列車はC58形蒸気機関車が客車を牽引したが、その後は気動車が投入され、キハ17・キハ20系が主に使用された。1986（昭和61）年には国鉄の赤字線対策の国鉄特定地方線区として廃止対象となったため、地元資本を中心とした第3セクターとして、1987（昭和62）年3月15日に天竜浜名湖鉄道が発足した。

　国鉄時代から機関庫のあった遠州二俣駅構内には扇形庫や転車台が残っており、鉄道遺産として人気がある。沿線の駅舎やホームの多くは登録文化財として国の指定を受けており、訪れる観光客も多い。また、1987（昭和62）年の第3セクター化の際、新しく気賀高校前駅（現・岡地駅）、アスモ前駅が開業、その翌年にはいこいの広場駅、原田駅、円田駅、浜松大学前駅（現・常葉大学前駅）、奥浜名湖駅、1996（平成8）年には掛川市役所前駅、フルーツパーク駅を、2014（平成26）年には森町病院前を開業させ、さらに今後も新駅設置（アピタ掛川店付近）の動きがあり、沿線住民に対するサービス向上を図っている。

　車両は転換期にはバスボデーの工法を採用した富士重工業のレイルバスを採用したが、現在は軽快な気動車に代わっている。一時期、観光客の誘致を考え、トキを改造した当時流行したトロッコ列車を導入した。2両連結でこれをレイルバスが牽引したが、トロッコの車体に不具合が出て長続きしなかった。

　遠州二俣というところは天竜川中流域、遠州地方の中心地で、かつて東海道本線の中泉（現・磐田）から光明電気鉄道という1500Ｖの電車線があったが、早く姿を消し、一部のトンネルが二俣線建設のとき再利用されている。

　掛川を出ると前半はのんびりと田園の中を行く。鉄道機能の集中する遠州二俣で小休止、歴史を感じさせる駅舎を出ると、駅前にC58形蒸気機関車が展示されている。駅の構内には転車台と扇形庫があり、これらも鉄道資産として重要で、有料の見学会も行われている。また機関区の反対側本線を挟んで国鉄時代の寝台客車やディーゼルカーが保存されている。

　遠州二俣の次駅、二俣本町を出ると間もなく天竜川を長い鉄橋で渡る。遠州二俣から二つ目の西鹿島は遠州鉄道西鹿島線の乗換駅で、地下通路で連絡している。西鹿島には遠州鉄道西鹿島線の車庫や工場が付属し、遠州鉄道の赤い電車が停まっている。かつて国鉄二俣線の時代1958（昭和33）年11月に西鹿島から遠江二俣

転車台上のキハ20形。この転車台は第三セクター化後も残され、日常的に使用されている。

国鉄二俣線時代の遠州二俣機関区。この頃はほぼキハ20系に統一されている。

(現・遠州二俣)まで、遠州鉄道のディーゼルカーであるキハ800が天竜川を渡って乗り入れ、1961(昭和36)年5月には遠江森(現・遠州森)まで延長したが、1966(昭和41)年10月で乗り入れは廃止された。天竜浜名湖鉄道では全線のフリー乗車券のほか、遠州鉄道西鹿島線を組み込んだフリー乗車券も発売している。

かつて遠江二俣から国鉄飯田線の水窪や中部天竜に至る国鉄バスの路線があったが、現在は遠州鉄道バスに引きつがれ、始発駅も西鹿島に移っている。

かつて遠州鉄道奥山線の接続駅だった金指からは住友セメントの専用線が出ていた。さらに気賀を過ぎるとやがて左車窓に浜名湖が見えてくる。浜名湖佐久米駅では餌付けされたカモメが車窓に群れてくる。前述の通り、各駅とも構内の有効長が長い。

現在、天竜浜名湖鉄道は1998(平成10)年に文化庁が選定する登録有形文化財に5件、続いて2011(平成23)年に31件が一括登録され、全線にわたって登録文化財が登録されている。また、ほとんどの駅が無人駅になった現在、その歴史的駅舎を地元の有志が借り受け、カフェや食堂、駄菓子屋などが営業されている。

- 掛川　かけがわ　0.0km
- 掛川市役所前　かけがわしやくしょまえ　1.3km
- 西掛川　にしかけがわ　1.8km
- 桜木　さくらぎ　4.0km
- いこいの広場　いこいのひろば　5.5km
- 細谷　ほそや　6.0km
- 原谷　はらのや　7.9km
- 原田　はらだ　9.4km
- 戸綿　とわた　12.0km
- 遠州森　えんしゅうもり　12.8km
- 森町病院前　もりまちびょういんまえ　13.6km
- 円田　えんでん　14.7km
- 遠江一宮　とおとうみいちのみや　16.4km
- 敷地　しきじ　19.9km
- 豊岡　とよおか　23.0km
- 上野部　かみのべ　24.4km
- 天竜二俣　てんりゅうふたまた　26.2km
- 二俣本町　ふたまたほんまち　26.8km
- 西鹿島　にしかじま　28.5km
- 岩水寺　がんすいじ　30.3km
- 宮口　みやぐち　32.3km
- フルーツパーク　ふるーつぱーく　36.2km
- 都田　みやこだ　37.7km
- 常葉大学前　とこはだいがくまえ　39.1km
- 金指　かなさし　41.9km
- 岡地　おかじ　43.5km
- 気賀　きが　44.8km
- 西気賀　にしきが　47.7km
- 寸座　すんざ　49.4km
- 浜名湖佐久米　はまなこさくめ　50.7km
- 東都筑　ひがしつづき　51.9km
- 都築　つづき　53.3km
- 三ヶ日　みっかび　55.6km
- 奥浜名湖　おくはまなこ　56.8km
- 尾奈　おな　58.1km
- 知波田　ちばた　62.9km
- 大森　おおもり　65.0km
- アスモ前　あすもまえ　66.7km
- 新所原　しんじょはら　67.7km

C58が牽引する旅客列車。◎都築〜三ケ日　1961（昭和36）年8月10日　撮影：村松功

キハ10系が入るまでは、機械式ディーゼルカーであるキハ07形が主力だった。機械式ディーゼルカーの場合、総括制御運転ができないので、2両編成の場合には二人の機関士が乗務してブザーによって協調運転を行っていた。◎金指　1959（昭和34）年11月23日　撮影：久保敏

第三セクター化に備えて投入された富士重工業製のその名もレールバス。コストを下げるために同社のバスの技術を多く取り入れた車両になった。ただ鉄道車両としてはひ弱な感じで、現在はすべて淘汰されている。◎1987（昭和62）年3月

最近の遠州二俣機関庫。国鉄時代から残された転車台と木造の扇形庫はそのまま残されて軽快気動車の基地になっている。これらの施設は文化庁の産業史跡にも指定されており、見学会も行われている。◎遠州二俣　2014（平成26）年6月　撮影：髙井薫平

遠江二俣駅◎1982（昭和57）年8月

C58が牽く貨物列車。気賀には石灰石の算出するセメント会社があり、列車セメント専用のホキ列車が走っていた。
◎1971（昭和46）年3月18日　撮影：西川和夫

二俣線時代、キハ42500に変わってキハ10,17が投入された。◎撮影：村松功

TH2100は、TH1レールバスの後継車として2001（平成13）年から導入された新潟トランシスの標準型軽快気動車、現在14両が活躍中。

岩水寺駅に停車しているTH3500試運転列車。

キハ07の重連。二俣線の近代化はSLの牽く列車から旅客気動車に変わった。最初に機械式気動車キハ07が入り、その後は10系、20系と変化した。◎都田　1958（昭和33）年8月　撮影：荻原二郎

TH9200はTH2100と変わらないが、「宝くじ」の助成金を受けて製造したイベント用車両。通常は一般運用にも使われる。9200という形式は「宝くじのくじ」に由来する。

岳南鉄道、静岡鉄道、大井川鉄道の時刻表（昭和32年）

3章
私鉄（廃止路線）

◎豆相人車鉄道時代の熱海駅　1896（明治29）年3月13日　提供：朝日新聞社

電灯会社が作った路面電車
伊豆箱根鉄道三島軌道線
いずはこねてつどう　みしまきどうせん

路線DATA	
区　間	三島広小路〜沼津駅前(5.9km)
駅　数	22停留場
軌　間	1067mm
動　力	電気(600V)
開業年	1906（明治39）年11月28日
廃　止	1963（昭和38）年2月5日

　1906（明治39）年11月28日、駿豆電気鉄道により、のちに三島軌道線とよばれる電気軌道が沼津〜三島田町間に開業した。これは静岡県下で最初の電気鉄道で、全線単線、交換場所が2か所あった。駿豆電気鉄道は、遠大な路線計画を持っていたが、1916（大正5）年10月5日富士水力電気株式会社と合併し電気事業に参入した。1917（大正6）年11月5日、三島（のちの下土狩）から修善寺まで路線を伸ばしていた駿豆鉄道は富士水力電気から沼津〜三島間の軌道事業を譲受、沼津・三島・修善寺の鉄道網が完成した。三島軌道線の三島広小路で鉄道線に乗り入れて三島町まで乗り入れていたが、大戦中に三島町までの乗り入れは廃止した。しかし架線電圧は鉄道線も600Vだったので、三島町の工場まで乗り入れることができたが、1959（昭和34）年9月鉄道線が1500Vに昇圧されたため、鉄道線との連絡線も廃止され、新たに長沢車庫が設けられた。三島軌道線の車両は大雄山線や西武鉄道新宿線からの転入車がすべてでの10両が在籍した。例外的に武蔵中央電気鉄道からやってきたモハ8は唯一の半鋼製車で、それ以外の車は木造車で、すべて高床式ボギー車だった。また1961（昭和36）年の廃止までポール集電であった。沼津駅前から街中をしばらく走り、そのうち舗装されていなかった旧東海道を走って三島広小路に至る路面電車だったが、施設も古くなり、水害の被害で黄瀬川にかかる橋の流失もあって1961年6月に運転休止し、1963（昭和38）年2月5日正式に廃止された。廃止直前の電車の運転はおよそ12分間隔、全線単線だから途中3か所に交換設備が設けられていた。鉄道線との連絡駅だった三島広小路駅は上下共通の鉄道線の単線ホームで、軌道線の電車はその反対側に発着していたが、今でもその名残は残っている。

モハ2は沼津と三島を結ぶ軌道線で使用された単車で、大きな救助網が目立つ。◎大場1939（昭和14）年10月　撮影：荻原二郎

沼津駅前で待機する三島行きモハ15。小田原から出ている大雄山線のデハ1〜3で、1950（昭和25）年ごろ転入。これまでの単車に代わって走り出した。
◎1958（昭和33）年9月　撮影：荻原二郎

○ 三島広小路　みしまひろこうじ　0.0km
○ 茶町　ちゃまち　…
○ 木町　きまち　0.4km
○ 茅町　かやまち　…
○ 千貫樋　せんがんどい　0.8km
○ 伏見　ふしみ　1.2km
○ 玉井寺前　ぎょくせいじまえ　1.6km
○ 八幡　やはた　…
○ 長沢　ながさわ　2.1km
○ 国立病院前　こくりつびょういんまえ　2.4km
○ 臼井産業前　うすいさんぎょうまえ　2.6km
○ 木瀬川橋　きせがわばし　…
○ 黄瀬川　きせがわ　3.1km
○ 石田　いしだ　3.6km
○ 麻糸前　あさいとまえ　3.8km
○ 山王前　さんのうまえ　4.5km
○ 平町　ひらまち　4.9km
○ 三枚橋　さんまいばし　5.2km
○ 志多町　したまち　…
○ 追手町　おうてまち　5.6km
○ 沼津駅前　ぬまづえきまえ　5.9km

三島行17号電車。大雄山線から来たのは3両、15〜17号になった。鉄道線から来た車なので路面上から乗降するためのステップがつけられた。◎三島市内　1957(昭和32)年2月　撮影：荻原二郎

14号電車はオープンデッキの単車だったが、のちに扉がつけられた。当時、三島軌道線は重要な交通機関であったので、単車を2両連結して乗客を輸送した。◎撮影：江本廣一

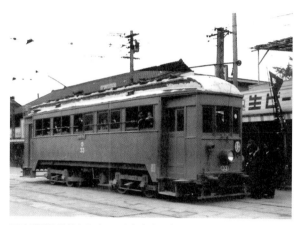

西武鉄道軌道線からやってきた当時の姿。

砂利道の県道で三島行きのモハ202と沼津行きのモハ206が行き違う。◎黄瀬川　1959(昭和34)年12月　撮影：髙井薫平

対向電車を待つ。舗装されてない県道を走って最初の交換停留場は「山王前」といった。しばらくしたら沼津行きの201が現れた。
◎1959(昭和34)年12月　撮影:髙井薫平

三島行き203号と沼津行きのモハ8はこの軌道線でたった1両の半鋼製車だった。
◎撮影：園田正雄

モハ8は東京・八王子の市内電車ともいえる武蔵中央電気鉄道の電車。武蔵中央電気鉄道は八王子市内から高尾橋を結んでいたが、経営不振で1939(昭和14)年に、11両あった電車のうち5両が北京に渡り、残り6両は国内各地に散った。このモハ8は最初大雄山鉄道に入り、1949(昭和24)年に三島軌道線にやってきた。

沼津駅前の電車乗り場には立派な上屋根が付いていたが、のちに取り払われた。

県都を走った全線2キロの路面電車
静岡鉄道静岡市内線

しずおかてつどう しずおかしないせん

路線DATA
区　　間	静岡駅前〜安西(2.0km)
駅　　数	8停留場
軌　　間	1067mm
動　　力	電気(600V)
開業年	1922(大正11)年6月28日 1946(昭和21)年3月21日休止(呉服町〜安西) 1949(昭和24)年7月10日復旧
廃止年	1962(昭和37)年9月15日

◎所蔵：生田誠

　国鉄静岡駅前から新静岡駅を経由して、安西まで走っていた静岡市の市内電車だが、全線わずか2kmという短区間(桑名電軌(1km)に次いで2番目に短い)で、1946(昭和21)年、呉服町〜安西間700m運転休止のあと、1962(昭和37)年9月15日に静岡市内線は廃止された。じつに地味な市内電車で、国鉄の駅の隅っこに単車が停まっていた。次の新静岡で同社の静清線に乗り換えるわけだがこの間は500mくらいしかなく、しかも1922(大正11)年に開業した最初の区間はこの500mだけである、当時は鷹匠町といった。線路は静岡清水線につながっていた。この後、少しずつ距離を伸ばして安西まで全線2.0kmが開通、お堀端を走る姿が見られた。戦後は車両不足が影響して呉服町〜安西の運転を休止していた時期もある。車両は単車や単車の車体を延長した高床式ボギー車が走っていたが、清水市内線と共用のようだった。廃線後、単車は幼稚園などに譲渡され、ボギー車は清水市内線に転じた。

○ 静岡駅前　しずおかえきまえ　0.0km
○ 新静岡　　しんしずおか　　0.5km
○ 県庁前　　けんちょうまえ　0.9km
○ 中町　　　なかちょう　　　1.2km
○ 呉服町　　ごふくちょう　　1.3km
○ 金座町　　きんざまち　　　1.5km
○ 茶町　　　ちゃまち　　　　1.7km
○ 安西　　　あんざい　　　　2.0km

モハ52は静岡市内線で使用されていた木製の単車、1926(大正15)年の日本車輌製、1962(昭和37)年の市内線廃止の時まで使用され、廃止後市内の個人に売却された。◎新静岡　1954(昭和29)年7月
撮影：髙井薰平

撮影:大賀寿郎

撮影:大賀寿郎

清水市内を縦断した市民の足
静岡鉄道清水市内線
しずおかてつどう しみずしないせん

路線DATA
区　間	港橋〜横砂（4.6km）
駅　数	17停留場
軌　間	1067mm
動　力	電気（600V）
開業年	1928（昭和3）年12月24日
廃止年	1975（昭和50）年3月22日

- 港橋　みなとばし　0.0km
- 万世町　まんせいちょう　0.4km
- 市役所前　しやくしょまえ　0.7km
- 新清水　しんしみず　1.1km
- 江尻新道　えじりしんどう　…
- 仲浜町　なかはまちょう　1.4km
- 清水駅前　しみずえきまえ　1.8km
- 辻町　つじまち　2.1km
- 秋葉町　あきはみち　2.4km
- 西久保　にしくぼ　2.6km
- 愛染町　あいぞめちょう　3.0km
- 嶺　みね　3.3km
- 袖師警察署前　そでしけいさつしょまえ　3.6km
- 鈴木島　すぎじま　3.7km
- 庵原川　いはらがわ　…
- 袖師　そでし　4.3km
- 横砂　よこすな　4.6km

　1928（昭和3）年、静岡地区で生産される茶葉を清水港から輸出する目的で港橋〜江尻新道（現・新清水）開業、1929（昭和4）年に横砂まで全線4.6kmが開業した。静岡清水線との乗り換え電停、新清水付近で東海道本線の線路によって分断されていて、東海道本線を越える道路橋が完成する1933（昭和8）年まで踏切を徒歩連絡であった。また、かつては静岡清水線の電車が港橋まで直通した。茶葉輸送の目的で静岡市内線、安西から静岡清水線を経由して港橋まで直行した。静岡清水線に投入されたモハ120・121という電車は清水市内乗り入れのために1931（昭和6）年に造られた最初の大型3扉車である。中扉が当時の市電に見られた両開き扉を持つ16m車だったが、大きすぎたのか他社に売却されている。市内線の線の車両はみな高床ボギー車で、多くは静鉄得意の自社改造で晩年は近代的なスタイルに変わっていた。

　清水市内線全線のうち市街地を走る港橋〜西久保間の併用区間は複線で、西久保から先は専用軌道で単線になって横砂に至った。乗客数は多く、2両固定編成車も登場したが1974（昭和49）年7月7日、七夕豪雨による被害が甚大で、全線運休後1975（昭和50）年3月21日に清水市内線全線を廃止した。

清水市内線では、港から清水の駅前を通って複線の軌道が道路の中央に敷かれていた。木造ボギー車は自工場で鋼体化されていた。

沿線にきちんとした車庫がなかった清水市内線では、終点の横砂に小さな車庫と側線が設けられていて、予備の車両が停車していた。写真の61号は一番早く鋼体化された高床車だった。
◎横砂 1974(昭和49)年2月11日 撮影:西川和実

港橋～西久保間の併用区間は複線になっており、頻繁に電車が走っていた。車両のほとんどが自社の長沼工場で木造車を鋼体化したものだった。◎横砂付近 1974(昭和49)年2月11日 撮影:西川和実

◎1974(昭和49)年2月11日 撮影:田尻弘行

参拝客輸送で生まれた田舎電車

静岡鉄道秋葉線

しずおかてつどう あきばせん

路線DATA

区　間	新袋井～遠州森町 可睡口～可睡
距　離	12.1km/1.1km（可睡支線）
駅　数	23
軌　間	1067mm
動　力	電気（600V）
開　業	1902（明治35）年12月28日
廃　止	1962（昭和37）年9月20日

- 新袋井　しんふくろい　0.0km
- 宮本町　みやもとちょう　0.3km
- 袋井町　ふくろいまち　0.8km
- 永楽町　えいらくちょう　1.0km
- 一軒家　いっけんや　2.0km
- 可睡口　かすいぐち　2.5km
- 平宇　ひらう　3.8km
- 山科学校前　やましながっこうまえ　4.8km
- 下山梨　しもやまなし　5.3km
- 金屋敷　…　5.9km
- 山梨　やまなし　6.1km
- 市場　いちば　6.6km
- 高平山　たかひらさん　7.3km
- 天王　てんおう　8.1km
- 中飯田　なかいいだ　8.4km
- 飯田　いいだ　9.0km
- 観音寺　かんのんじ　9.4km
- 福田地　ふくでんじ　10.4km
- 戸綿口　とわたぐち　11.0km
- 戸綿　とわた　11.3km
- 森川橋　もりかわばし　11.4km
- 遠州森町　えんしゅうもりまち　12.1km
- 可睡口　かすいぐち　0.0km
- 可睡　かすい　1.1km

　昭和30年代の国鉄袋井駅は私鉄ファンにとって奇跡に近いような存在であった。狭い跨線橋を渡っていく駿遠線も魅力的だったが、駅の改札口を出るとそこには目を疑うような光景があった。ポールを付けた2軸の小さな電車がオープンデッキの付随車を牽き、ここでは日本の営業鉄道ではとっくに姿を消したバッファーと螺旋式連結器が1962（昭和37）年の廃止まで使われていた。1902（明治35）年12月に馬車鉄道として開通した秋葉馬車鉄道が前身で、1911（明治44）年12月には途中の可睡口から分かれて可睡斎に行く支線も開業している。1923（大正12）年3月に秋葉鉄道と改め、1925（大正14）年12月にまず新袋井から可睡口間が電化改軌され、翌年12月には遠州森町まで電化が完成した。1943（昭和19）年の企業統合で静岡鉄道の一員となった。車両は最初から電車で、貨物用の電動貨車や2軸の貨車があった。電動車は自社発注や静岡市内線から転籍した単車だったが、その後自社工場で奇妙なボギー台車に履き替えたものもあった。ポールはそのうちにYゲルになり、その後これを2つ組み合わせたようなパンタグラフも登場した。オープンデッキの客車は改軌前の東京の玉川電車からやって来たものいた。この鉄道ではバッファーと螺旋式連結器が1962（昭和37）年の廃止まで使用された。2両編成の小さな電車は、袋井の駅を出ると狭い商店街をゴロゴロと走る。すぐに袋井の市中を離れると秋葉街道を電車は遠州森町に向かう。舗装はとっくに切れ、砂利道の片側を砂塵を巻き上げて走った。途中車庫のある山梨で小休止、山梨を出ると暫く田んぼの上に作られたコンクリート橋を走って、再び田舎道を懸命に走り、二俣線の下をくぐる。先に電車ができたので、あとから出来た二俣線がオーバークロスした。少し走って太田川を渡ったところが、森町の中心地らしく、終点でここにも何両かの電車が止まっていた。現在森町終点の跡はバスのターミナルとしてほぼ同じ敷地跡を利用している。バスは「静鉄ジャストシステム」に移管されている。

◎1962（昭和37）年4月27日
撮影：荻原二郎

ハ2は、元・玉川電車の車だったと思われるオープンデッキのトレーラー。入線当初は妻面に窓がなく、吹きさらしだったが、その後窓の付いた妻板に改造された。しかし、ドアはつけられなかった。電車は山梨からしばらく街中の曲がりくねった県道を外れて、田んぼのなかを専用軌道で抜けていく。◎山梨　1967(昭和42)年4月　撮影:荻原二郎

秋葉線の新袋井駅。国鉄の袋井駅を出ると向かい側に小さな駅舎があった。特にホームらしいものは見当たらず踏み台を使って電車に乗り込んだ記憶がある。◎新袋井　1967(昭和42)年4月29日　撮影:荻原二郎

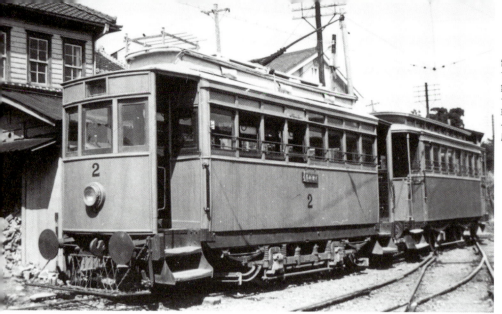

電化開業の際に投入されたオープンデッキの単車で、元玉川電気鉄道の車両である。後ろのトレーラーの台車は電車用でなく、貨車と同じようなものを使っている◎袋井　1940（昭和15）年4月7日　撮影：裏辻三郎

所蔵：白土貞夫

所蔵：飯島正資

撮影：園田正雄

開放されていたモハ2の運転台には扉が付いて、保安性が向上した。一段下式の窓は落とし込み式から、二段上昇式に改良され、屋根上のポールもビューゲルに取り換えられている。◎新袋井　1961(昭和36)年7月　撮影：田尻弘行

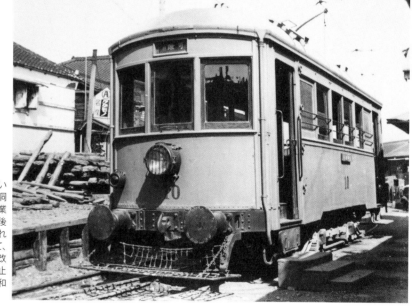

モハ10の方向幕を見ると「可睡行」と書いてある。袋井から東海道一といわれる曹洞宗の禅道場、可睡斎までの直通電車だ。開業に備えて日本車輌から2両購入した。その後7.8号に改番された。最後まで使用され1958(昭和33)年には単台車を大改造して、ボギー化し、集電装置も自社でポールを大改造した奇妙なパンタグラフを取り付け、廃止の日まで使用された。◎袋井　1940(昭和15)年4月　撮影：裏辻三郎

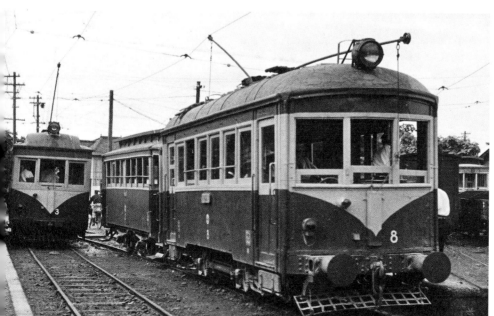

写真のモハ8は、中段の写真の「10」のその後の姿。

遠州森町駅に掲げられた運賃表。最低区間が10円、新袋井までが55円となっている。◎1962(昭和37)年4月29日　撮影:荻原二郎

モワ1は貨物輸送に活躍した電動貨車。ときには2軸の貨車を牽引するので、バッファアーと螺旋式連結器を持っていた。◎新袋井　1954(昭和29)年6月　撮影:田尻弘行

同社の清水市内線から転属してきた二代目モハ3である。1961(昭和36)年頃にシングルルーフに改造された。
◎森町　1962(昭和37)年4月　撮影:荻原二郎

静岡鉄道駿遠線

御前崎を巡る日本最長の軽便鉄道

しずおかてつどう すんえんせん

路線DATA

区　　間	駿河岡部〜新袋井　68.5km
駅　　数	59駅
軌　　間	762mm
動　　力	蒸気・内燃
開業年	1913（大正2）年11月16日（藤相鉄道区間） 1914（大正3）年1月12日（中遠鉄道区間）
廃止年	1970（昭和45）年8月1日

駿遠線の駅の手書き時刻表。◎堀野新田駅　撮影：荻原二郎

　静岡鉄道駿遠線は東海道本線の藤枝と袋井を結ぶ日本一の営業距離を持つ軽便鉄道であった。「駿遠線」の名称は駿河の国と遠江の国を結ぶという意味があった。元々別の鉄道で、まず藤枝方からは藤相鉄道として1911（明治44）年設立、藤枝から線路を伸ばし1918（大正7）年6月、最初の目的地である相良まで開通した。戦時中1943（昭和18）年に静岡県駿河地方の多くの私鉄が企業統合した時、静岡鉄道の一路線となった。袋井側から線路を伸ばしていた中遠鉄道（1912（明治45）年設立）と将来連絡するため、両側から線路延長していった。1948（昭和23）年9月8日最期の区間である地頭方〜池新田間 7.1kmが開業、新藤枝〜新袋井間約60kmの大軽便鉄道が完成した。大手から先、駿河岡部までの区間は1936（昭和11）年5月19日廃止されている。大手〜新藤枝〜新袋井全通に伴い、藤相線及び中遠線を併せて駿遠線と改称した。昭和20〜30年代、道路も整備されていなかったので、この地方唯一の交通手段であり、朝晩の通勤、通学の乗客でラッシュ時間は超満員の列車も走った。しかし、1948（昭和23）年9月8日の最期の開通区間を含め御前崎を回る地域は、現在では原子力発電所が作られ脚光を浴びているが、当時の人口は少なく、もともと戦時中は軍の風船爆弾の発射基地があったという機密地域で、砂丘の中を細いレールが通っているに過ぎなかった。しかし地域の開発が進み人口は増え始めて、道路の整備が続くと、時間のかかる軽便鉄道には廃止の話が持ち上がり、1964年（昭和39年）9月27日、大手〜新藤枝間 3.9km及び堀野新田〜新三俣 間 13.1kmを廃止し、日本一の軽便鉄道はわずか15年余の歴史を残して、再び二つに分断された。さらに、路線の短縮は続いて、ついに1970（昭和45）年8月1日、最後まで残っていた新藤枝〜大井川 間 6.3kmを廃止して、駿遠線の歴史は終わった。駿遠線の最大の難所はやはり大井川の川越えであった。当時大井川には木製の人道橋があったので、最初のころは徒歩連絡、その後この区間だけ人道橋に軌道を敷設、人車に乗り換えたという。鉄道の専用橋ができたのは1937（昭和12）年7月、やはり木橋であり、廃線の時まで使用されていた。開業時、蒸気機関車が客貨車を牽引した。ドイツ・コッペル社製が多かったが、中遠鉄道が開業に備えて輸入した4両のうち、2号機と3号機は珍しいイギリス・バグナル社製の機関車で、そのレプリカが2011（平成23）年に復元されて袋井市の

出発を待つキハD14。駿遠線の戦後の車両はすべて袋井と大手にあった自社工場で製造された。写真右のディーゼル機関車もかつて主力だった蒸気機関車の台枠や車輪を流用して製造された。
◎1967（昭和42）年7月　撮影：髙井薫平

木橋だった大井川橋梁。最後の自社工場製車両になったDD501が牽く通勤列車。様々な形をした客車には乗客があふれていた。
◎大井川　1967(昭和42)年7月20日　撮影：髙井薫平

浅羽公園に展示されている。戦後、蒸気機関車の多くは自社工場(大手工場、袋井工場)でディーゼル機関車に改造され、全線で使用された。「蒙古の戦車」と鉄道フアンから名付けられたこの機関車は逆転機を持たない自動車と同じような構造だったので、終点では小さな転車台で向きを変えた。ディーゼル機関車の中には駿遠線の路線短縮の始まっていた1965(昭和40)年、藤枝方の通勤列車牽引用に自社工場で新造したDD501と称する強力機があり、堀田新田‑新藤枝間に短縮された後も通勤列車牽引で活躍し、1963(昭和38)年さらに路線短縮後も第1線にあり、1970(昭和45)年の全線廃止時まで使用された。気動車は1931(昭和6)年に導入され、戦後は他社からの譲受のほか、自社工場で新造を行い、1959(昭和34)年から1961(昭和36)年まで7両が作られた。これらは正面2枚窓、Hゴムを多用した往年のバス窓仕様で、同じ静岡鉄道静岡清水線の自社工場製モハ21によく似ている。駿遠線の気動車はたいてい客車を1～2両牽引した。客車は最初、藤相、中遠両鉄道から引き継いだ木造ボギー車が主力だったが、廃止された草輕電鉄から半鋼製客車を購入したほか、自工場で改造や新造が行われ近代化を進めたが、時の流れには抗せなかった。廃止の時残っていたのはデイーゼル機関車1両、デイーゼルカー3両、客車6両であった。

駿河岡部　するがおかべ　0.0km	下吉田　しもよしだ　20.5km	千浜　ちはま　47.9km
横内　よこうち　1.2km	根松　こんまつ　21.7km	西千浜　にしちはま　49.9km
八幡橋　やわたばし　3.0km	細江　ほそえ　23.0km	新三俣　しんみつまた　51.1km
水守　みずもり　3.5km	静波　しずなみ　23.8km	南大坂　みなみおおさか　52.2km
農学校前　のうがっこうまえ　4.3km	榛原町　はいばらちょう　24.8km	谷口　やぐち　53.0km
大手　おおて　4.8km	片浜　かたはま　27.3km	野賀　のが　53.9km
慶全寺前　けいぜんじまえ　5.3km	太田浜　おおたはま　29.4km	野中　のなか　55.7km
藤枝本町　ふじえだほんまち　6.0km	相良　さがら　30.8km	河原町　かわらまち　56.9km
瀬戸川　せとがわ　6.5km	新相良　しんさがら　31.8km	新横須賀　しんよこすか　58.2km
志太　しだ　7.1km	波津　はづ　32.4km	七軒町　しちけんちょう　59.5km
青木　あおき　…	須々木　すすき　33.7km	石津　いしづ　60.7km
新藤枝　しんふじえだ　8.7km	落居　おちい　34.8km	新三輪　しんみわ　61.4km
高洲　たかす　10.9km	地頭方　じとうがた　36.7km	新岡崎　しんおかざき　62.2km
大洲　おおす　12.5km	堀野新田　ほりのしんでん　38.0km	五十岡　いごおか　63.3km
上新田　かみしんでん　13.3km	玄保　げんぽ　39.1km	浅名　あさな　64.3km
相川　あいかわ　…	遠州佐倉　えんしゅうさくら　40.0km	芝　しば　65.0km
大井川　おおいがわ　15.0km	桜ヶ池　さくらがいけ　41.2km	諸井　もろい　66.2km
大幡　おおはた　17.0km	浜岡町　はまおかちょう　42.8km	柳原　やなぎはら　67.3km
遠州神戸　えんしゅうかんど　17.8km	塩原新田　しおばらしんでん　45.1km	新袋井　しんふくろい　68.5km
上吉田　かみよしだ　19.5km	合戸　ごうど　47.0km	

駿遠線最大の難所「大井川」

　江戸時代に言われた「箱根八里は馬でも越すが、越すに越されぬ大井川」。その言葉は駿遠線にとっても同じであった。大井川は川幅1kmの大河である。
　1914（大正3）年9月に藤枝新駅から大井川駅まで開通し、翌年9月に大井川対岸の大幡駅と細江駅の間が開通した。大河の大井川部分は未開通。当初は車両から降りて賃取り橋を歩いて渡ったが、翌年7月にこの橋の上に人車軌道が開業した。10人乗り客車を数人で押した。
　1924（大正13）年4月に乗換のない直通運転になった。しかし、橋は人やトラックとともに利用する併用軌道橋のため、トラックと衝突する事故も起きた。
　1937（昭和12）年7月に待望の駿遠線専用橋が完成。前年に廃止された駿河岡部〜大手間のレールが再利用された。木製橋脚のため台風等の大雨では何度も流され、保線区職員泣かせの木橋だった。　（阿形 昭）

朝のラッシュアワー。デッキまで人のあふれた袋井行きの通勤列車は、客車4両でディーゼル機関車が牽引していた。◎諸井　1956（昭和31）年6月30日　撮影：髙井薫平

キハD4は藤相鉄道からの引き継ぎ気動車。小さめの車体の前後に鮮魚台を付けている。◎相良〜大田浜　1959（昭和34）年12月4日　撮影：久保敏

大井川を渡る人車。藤相鉄道は当初大井川を渡る専用の橋がなく、橋のたもとで人車に乗り換えて大井川を渡った。所蔵：白土貞夫

国鉄袋井駅に寄り添って駿遠線の新袋井駅があった。2線の小さな車庫もあり、この写真の奥、突き当りに転車台があった。ディーゼル機関車は常に転車台で向きを変えた。◎新袋井　1967（昭和42）年7月　撮影：髙井薫平

藤相鉄道からの引き継ぎのキハD6が待機する相良駅に、キハD19が客車を2両牽いて到着した。キハDのDは車軸の数を表す駿遠線独特の方式。◎相良　1967（昭和42）年7月　撮影：髙井薫平

4号機は、1924(大正13)年にドイツ・コッペル社で生まれた自重6.4トンの標準的軽便機関車。戦後、ディーゼル機関車に改造された。◎1940(昭和15)年4月7日　撮影：裏辻三郎

袋井新を出発するキハC2とホハ10による列車。オープンデッキに立つ少年車掌が印象的だった。◎袋井新　1954(昭和29)年3月　撮影：髙井薫平

静岡鉄道駿遠線キハC1。中遠鉄道から引き継いだ片ボギー車は、1929(昭和4)年松井車両製で薄いダブルルーフが特徴。静岡鉄道の気動車は車軸の数で、ボギー車はキハD,片ボギー車はキハCで表している。◎野中　1958(昭和33)年12月7日　撮影：荻原二郎

遠州灘に沿って走る藤相鉄道のキハ4。◎撮影：宮松金次郎

国鉄の駅を出ると右手に駿遠線の新藤枝駅の駅舎があった。引き戸を開けて中に入ると改札口の向こうに2面3線式の低いホームがあって、数両の軽便客車が停車していた。◎新藤枝　1960（昭和35）年3月13日　撮影：荻原二郎

多くの駿遠線の駅ではホーム上に双方向型の腕木式信号機がたっていた。◎1962（昭和37）年4月29日　撮影：荻原二郎

藤相鉄道1号の牽く混合列車。ドイツ、コッペル製のBタンク機関車。コッペル社が日本の軽便鉄道に多く納入した小型機関車の一つで、1913(大正2)年開業に合わせて導入した。静岡鉄道発足前、1937(昭和12)年に廃車され、静岡鉄道には引き継がれなかった。◎新三輪　1964(昭和39)年5月　撮影：荻原二郎

駿遠線キハC1は中遠鉄道から引き継いだ片ボギー車、1929(昭和4)年松井車両製で、薄いダブルルーフが特徴。静岡市の気動車は車軸の数でボギー車はキハD、片ボギー車はキハCで表している。◎野中　1964(昭和39)年2月　撮影：髙井薫平

最盛期の新藤枝駅構内は2面4線を要するターミナル駅で、おそらく我が国の軽便鉄道で最大の規模であった。
◎1964(昭和39)年3月
撮影:田尻弘行

藤枝から来た袋井方面行きの列車は大井川駅を過ぎると大河に架かる木橋を渡る。大井川駅は戦後、線路の短縮を重ねた駿遠線の最後の終着駅になった。
◎1967(昭和42)年11月30日
撮影:荻原二郎

駿遠線を懐かしむ地域活動

　2014(平成26)年11月、JR袋井駅が橋上駅になった。新設された南口は、通称「駿遠口」という名前が付いた。駿遠線が発着していたことに由来する。

　袋井市は駿遠線に対する啓蒙活動が活発だ。駅名標が整備され、その看板にあるQRコードを読み取れば、駿遠線動画も見ることができる。廃線跡も遊歩道として整備され、浅羽記念公園には開業時に走っていた英国バグナル社の蒸気機関車が復元されている。

　廃線跡を歩くイベントも、各地で開催されている。藤枝市にある静清高校の社会人講座「駿遠線跡を辿ろう」は7年連続。掛川市の「だいとうおおすか軽便ウォーク」も5年続いている。

　私も、御前崎市立図書館や掛川市大東図書館などで、「なつかしの軽便鉄道展」を開催。毎回約1500人の来場者があり、会場では当時の話に花が咲いて大盛況である。

(阿形 昭)

まだ道路の整備が完全でなかった時代、軽便鉄道は地域の足であった。◎1967(昭和42)年8月17日　撮影:飯島正資

駿遠線で「蒙古の戦車」といわれた機関車。戦前の主力だったB型の小型機関車の下廻りを活用し、大手、袋井の工場で自動車部品を使って小さな蒸気機関車を作り、全線で客貨車を牽引した。自動車のように逆転機を持たず、バック運転は苦手で終着駅では小さな運転台を使って向きを変えた。◎相良　1962(昭和37)年12月　撮影:荻原二郎

大井川橋梁は木材を組んだ橋脚の上に鋼板製の橋げたが乗る構造だった。橋脚の間に見えるコンクリート製の橋脚は並行する国道のもの。◎1967(昭和42)年8月17日　撮影:飯島正資

新岡崎駅は袋井を出て2つ目の行き違い可能駅だ。子どもたちの待つホームには、腕木式信号機がたっている。◎1967((昭和42)年8月17日　撮影:飯島正資

◎1967(昭和42)年8月17日　撮影:飯島正資

軽便鉄道だったことが廃止を早める
遠州鉄道奥山線
えんしゅうてつどう おくやません

路線DATA

区　間	遠鉄浜松〜奥山(25.7km)
駅　数	29駅
軌　間	762mm
動　力	内燃、電気(遠鉄浜松〜曳馬野)(600V)
開業年	1914(大正3)年11月30日 (全通：1923(大正12)年4月15日)
廃止年	1964(昭和39)年11月1日

　浜松のお城の下から三方が原台地を横断し、名刹、臨済宗方広寺深奥山(りんざいしゅうほうこうじ　じんおうざん)で知られた奥山に至る762mmの軽便鉄道で、浜松軽便鉄道→浜松鉄道として、1914(大正3)年に金指まで開通、その後、紆余曲折のうえ1923(大正12)年12月28日に奥山まで全通した。この間、各地で軽便鉄道敷設や買収を行っていた軽便王、雨宮敬次郎の大日本軌道の傘下に入ることもなく、独立した存在で戦後の遠州鉄道との統合まで続いた。経営は楽ではなかったが、大正から昭和にかけて、三方が原に陸軍浜松飛行隊第7連隊(現・航空自衛隊浜松基地)が設けられ、旅客、貨物とも輸送量が増え業績は好転した。開業以来蒸気機関車の増備を続け、最盛期には7両を数えらが、1929(昭和4)年にガソリンカーを導入して戦後、1953(昭和28)年には蒸気機関車は引退した。金指〜岡地間で国鉄二俣線を越えるために造られた立体交差は、両側の築堤部分が無くなった後もコンクリート製の橋台が遺構として健在である。現在、沿線には昔を偲ぶものはほとんど見つからない。沿線の開発が進んでいるからだ。住民の交通の足は遠州鉄道バスがカバーしているが、通勤の足は圧倒的にマイカーに変わっている。現在の遠州鉄道との統合は1947(昭和22)年5月1日である。しかし合併は行われ、経営の合理化を図って1950(昭和25)年12月、軽便規格のまま600V電化工事(遠州浜松〜曳馬野8.2km)を決行、古い気動車の更新と気動車の新造、蒸気機関車を全廃し、残りの区間も気動車運行に切り替えたものの、762mmの軽便鉄道では時代の流れに抗することは難しく、浜松市の周辺への拡大が続くなか、モータリゼーション急激な発達の前では苦戦を強いられ、1963(昭和38)年に気賀口以北を廃止し、翌1964(昭和39)年10月31日限りで全線を廃止した。電化以外にも気動車の新造にも積極的であり、廃止後も特に新しい2両は他社に譲渡され、特に石川県の尾小屋鉄道に譲渡され廃止まで第一線で活躍、その後は尾小屋にある鉱山記念館に動態保存されている。

モハ1003。元浜松鉄道レカの改造ということで生まれた。出場当時は2個モーターだったが、のちに4個モーターになって出力は倍増、曳馬野で非電化区間から引き継いだ列車を気動車ごと浜松まで引っ張ってきた。◎遠鉄浜松 1963(昭和38)年7月

- 遠鉄浜松　えんてつはままつ　0.0km
- 北田町　きたたまち　0.3km
- 田町口　たまちぐち　0.4km
- 元城　もとしろ　0.8km
- 広沢　ひろさわ　1.4km
- 名残　なごり　2.1km
- 池川　いけがわ　2.5km
- 上池川　かみいけがわ　2.8km
- 住吉　すみよし　3.6km
- 銭取　ぜにとり　4.0km
- 幸町　さいわいちょう　4.9km
- 小豆餅　あずきもち　6.2km
- 追分　おいわけ　7.0km
- 曳馬野　ひくまの　8.2km
- 三方原　みかたばら　9.1km
- 豊岡　とよおか　10.4km
- 都田口　みやこたぐち　11.7km
- 谷　たに　13.2km
- 祝田　ほうだ　14.5km
- 金指　かなさし　15.9km
- 岡地　おかじ　17.3km
- 気賀口　きがぐち　18.0km
- 正楽寺　しょうらくじ　19.4km
- 井伊谷　いいのや　20.1km
- 四村　よむら　21.4km
- 田畑　たばたけ　22.5km
- 中村　なかむら　23.8km
- 小斎藤　こざいとう　24.8km
- 奥山　おくやま　25.7km

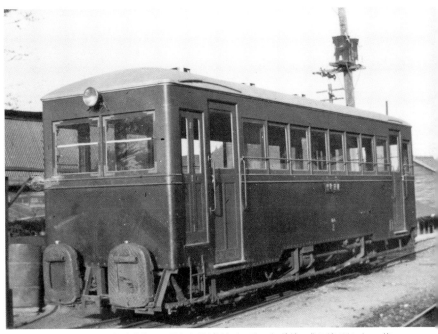

浜松鉄道レカ3。前身の浜松鉄道向けに日本車輌がはじめて作ったボギー式のガソリンカー。使い慣れた小馬力のフォードのエンジンを2基取り付けたので、ラジエータも2つ。半鋼製の車体だったが、戦後まで残ったかは不詳である。◎撮影：裏辻三郎

キハ1802。戦後蒸気機関車の牽く列車にかわって、2両が1950（昭和25）年ナニワ工機で生まれたディーゼルカー。同時期に生まれたモハ1000も同じデザインだった。廃線と同時に廃車になった。◎都田口　1964（昭和39）年2月23日　撮影：髙井薫平

軽便の思い出

　遠州鉄道奥山線が廃止されてから、2019年で55年になる。私が軽便に親しんだのは1940(昭和15)年から1949(昭和24)年3月まで浜松で過ごした10年足らずだが、当時、奥山線以外にもいくつかの軽便があり、西ヶ崎から出ていたのが「笠井軽便」、袋井から出ていた駿遠線を「横須賀軽便」と呼んでいた。

　笠井軽便はバスの形をしたガソリンカーだった。奥山線は青に近い緑色に塗られていて、2両連結の時には運転手が二人乗っていた。ガソリンカーは5台あり、前後の窓は押し出し式のモダンな物で、1〜3は正面下にラジエーターが取り付けられていた。3両は木炭の代燃装置をつけていたが、4と5はそのまま残され、5は戦災にも遭わずに生き残り、疎開からもどった1946(昭和21)年、走っていたのを見て感激した。

（上野哲司）

DC1901。イギリス、バークレイ社製のC型蒸気機関車C1906を自社工場でディーゼル機関車に改造したもの。お手本にしたと思われる静岡鉄道駿遠線の「蒙古の洗車」に比べると完成度は高い。しかし、貨物列車の運転もなくなり、旅客輸送8両の動力車で不足はなかったようだ。
◎1961(昭和36)年7月　撮影:田尻弘行

コッペルのBタンク機が牽く軽便列車。奥山線の前身、浜松鉄道は延べ10両にタンク機関車を擁していた。所蔵:白土貞夫

キハ1801。浜松鉄道のレカの改造といわれるが、種車の数と遠州鉄道奥山線の車両数、モハ1000-4両、キハ1800-2両の数が合わず、前歴ははっきりしない。

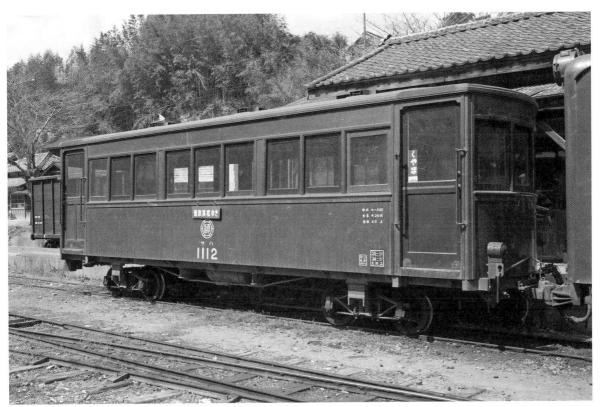

サハ1112。SL時代の客車を電車や気動車で牽引することになり、形式が「サハ」になった。◎撮影：荻原二郎

キハ1803。1949 (昭和24) 年に汽車会社東京支店で誕生。古参のキハ1801.2の正面窓を少し大きくしたスタイルだが、なかなか垢抜けしていた。奥山線の廃止後、石川県の尾小屋鉄道に譲渡され、同鉄道廃止後地元に保存、今も自走できる幸せな車である。◎奥山1960 (昭和35) 年3月 撮影:荻原二郎

キハ1804。1956（昭和31）年に日本車輌で作られた最後の新造車。エンジンは出力が強化され、砂撒き装置を持っていた。鉄道廃止後は東北の花巻電鉄に譲渡されたが、活躍の場は少なかった。◎奥山～中山　1960（昭和35）年3月13日　撮影：荻原二郎

キハ1804。正面2枚窓でHゴムを使ったいわゆるバス窓の軽便気動車は昭和30年代の流行で、まだそこそこ元気のあった軽便鉄道に供給されたが、今日健在なものはない。◎金指　1962（昭和37）年12月23日　撮影：髙井薫平

浜松からの電化区間はここまで、あとはディーゼルカーに託した。その後、ディーゼルカーはそのまま電車に連結されて浜松まで直行した。◎曳馬野 1964(昭和39)年7月

遠州鉄道の支線のような軽便鉄道
西遠鉄道
せいえんてつどう

路線DATA	
区　間	貴布祢～宮口（4.2km）
駅　数	8駅
軌　間	762㎜
動　力	蒸気、内燃
開業年	1924（大正13）年7月1日
廃止年	1937（昭和12）年10月6日

○ 貴布祢　きぶね　0.0km
○ 西山　にしやま　0.8km
○ 小林　こばやし　1.2km
○ 下新原　しもしんばら　1.6km
○ 中新原　なかしんばら　2.4km
○ 上新原　かみしんばら　2.9km
○ 段ノ下　だんのした　3.4km
○ 宮口　みやぐち　4.2km

　1928（昭和4）年に開業した西遠鉄道の前身は、1922（大正11）年に設立された西遠軌道である。いずれも遠州電気鉄道の貴布弥（現・浜北市）付近から分岐して宮口（国鉄二俣線→現・天竜浜名湖鉄道）駅付近まで4.2キロの路線で、社長は遠州電気鉄道社長を兼務していた竹内竜雄で経営のかなめであったが早逝する。

　軌道時代も含めて、もともと遠州電気鉄道の支線のような鉄道だった。車両もたまたま電化改軌を目指していた遠州電気鉄道から、蒸気機関車、客車、貨車それぞれ3両を譲り受けて使用した。レールなどの施設も軽便時代の遠州鉄道のものの再活用であった。将来は遠州鉄道乗り入れを目指し、1067ミリ改軌を目指していた。

　しかし、もともと沿線人口は少なく、乗客の減少傾向には歯止めが効かず、期待された貨物輸送も開業後数年で記録から消えている。一方、東海道本線の戦時の緊急時の迂回線として計画された国鉄二俣線の建設も進んでおり、将来は不安視されつつあった。国鉄二俣線を引き継いだ現在の天竜浜名湖鉄道の宮口駅はかつて西遠鉄道の宮口駅が位置した町の中心から少し離れている。遠州鉄道の貴布弥から県道沿いに伸びてきた西遠鉄道の宮口の駅は町の中にあったようだが、すでに廃止から80年を経た現在、拡幅された道路に埋没されている。

　最近になって「軽便鉄道宮口駅跡」という杭が広くなった舗装道路の歩道横にたてられ、さらに駅名と駅間距離と3枚の写真をあしらった掲示板が設置されている。しかし蒸気機関車の写真はおそらく福岡県の西日本鉄道鉄大川線の5号機であり、ガソリンカーは日本車輛のカタログからのコピーである。そして、あと1枚は20～30人の地元の若者たちが客車のデッキに乗り込んでいるもので、たぶん開業時の記念スナップであろう。

　経営の合理化を図って遠州鉄道の支線に倣って開業後間もなく単端式のガソリンカーを導入したが、レールや枕木は遠州鉄道の改軌電化時の余剰品であり、老朽化が早く進んだようで、スピードは出せずノロノロ運転だったといわれている。末期には遠州電気鉄道に経営を委託していた。

帝国陸軍参謀本部陸地測量部発行「1/50000地形図」(大正5年)

短命だった県内初の1500V電気鉄道
光明電気鉄道

こうりょうでんきてつどう

路線DATA

区　間	新中泉〜二俣町（19.8km）
駅　数	19駅
軌　間	1067mm
動　力	電気（1500V）
開　業	1926（大正15）年6月21日
廃　止	1935（昭和10）年7月20日

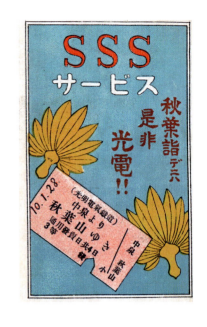

　天竜川の左岸の新中泉から、天竜川の中流域の町、二俣町に至る電気鉄道建設計画は沿線の多くの住民の悲願であった。この計画は遠大で、天竜川上流にあった古河久根鉱山からの鉱石輸送、森林資材の搬出、北遠地方の交通手段、さらに将来は信州を越えて北陸まで通じる遠大な計画であった。また、設立の要旨には当時暴れ川だった天竜川の疎水、治水事業にも触れていたといわれる。1925（大正11）年6月21日に会社が創立され、1926（大正15）年4月14日に起工する。その規模は鉄道省や大私鉄並みの直流1500V、1067mm軌間で計画された。まだ中泉で接続する東海道本線は電化されておらず、蒸気機関車の牽く客車列車が走っていた。工事は新中泉（省線中泉）から始められ、1928（昭和3）年11月20日に新中泉〜田川間（15.3km）が開業した。その後、工事は順調に進み、1929（昭和4）年8月に田川〜神田公園前間が開業、1930（昭和5）年12月20日には神田公園前〜二俣町間が開業して当初の目的を達成した。車両は東京の蒲田車両に発注した。これは仕事の少ない後発会社の蒲田車両の営業政策もあり、支払い条件がユーザーにとって受け入れやすいもの（車両を高利の割賦契約だったといわれる）だったからである。しかし、開業時に車両は間に合わず、東武鉄道から車両を借用したといわれる。1931（昭和6）年5月には 鉄道省線との貨物の連携運輸を開始したものの機関車が無いので貨車は電車で牽引した。新造した電車は3両で、1両が手荷物合造車だった。車体は木造で3両とも3扉車、車内はロングシートであった。しかし、この鉄道の建設は沿線に住む人たちの総意ではなかったようだ。遠大な計画とは裏腹に、起点である中泉の町はすでにそれなりに発展を続けており、この鉄道の開通による町への貢献度にはやや懐疑的でもあった。このような事情から株式の公募はかなり難航していた。このような事情から光明電気鉄道は開業する前から苦しい経営環境にあった。1933（昭和8）年には一部の債権者から破産勧告が出され、これは公告により破産勧告は取り消されたものの、1935（昭和10）年1月21日に電気料金の滞納によって送電が止められて全線で運休した。1936（昭和11）年5月に田川〜二俣町間が廃止、同年7月に新中泉〜田川間廃止とあるが、現実を後から処理したに他ならない。電車の新造に協力した蒲田車両も同時期、公式の記録が途絶えているといわれるので、光明電気鉄道の破産勧告が蒲田車両の経営にも影響を与えたと思われる。1939（昭和14）年4月に会社解散。資産は競売されることになり、高鳥順作に競売落札承継認可された。この中で電車3両は富山電気鉄道（現・富山地方鉄道）に引き継がれたが、制御器の違いなどから他車と連結運転ができず、1949年、地元の日本海ドッグで鋼体化してモニ6570として再登場、本格的な荷物電車となった。線路敷地の一部（二俣町周辺）は国鉄二俣線の建設に流用され、また二俣町の民家の敷地内にトンネルが残っているほか、線路敷きや最近では社紋を鋳出したマンホールの蓋が発見され近年話題になっている。

- 新中泉　しんなかいずみ　0.0km
- 二之宮　にのみや　0.5km
- 遠州見付　えんしゅうみつけ　1.7km
- 川原　かわら　2.6km
- 加茂東　かもひがし　4.6km
- ミツ入　みついり　5.6km
- 遠州岩田　えんしゅういわた　6.6km
- 匂坂　さぎさか　7.7km
- 入下　いりしも　8.4km
- 寺谷　てらだに　9.6km
- 掛下　かけした　10.6km
- 平松　ひらまつ　11.7km
- 神増　かんぞ　13.2km
- 上神増　かみかんぞ　13.9km
- 田川　たがわ　15.3km
- 上野部　かみのべ　16.4km
- 神田公園前　かんだこうえんまえ　17.1km
- 二俣口　ふたまたぐち　19.1km
- 二俣町　ふたまたまち　19.8km

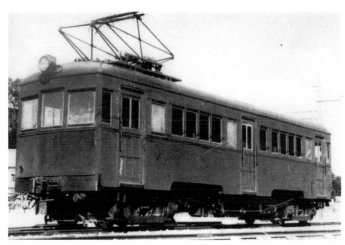

光明電気鉄道のデハ11。展示会に展示された電動車の写真、既に同じものが他誌にも掲載、きちんとしたものはこの1枚らしい。©2016（平成28）年8月 磐田市歴史文書館の特別展示

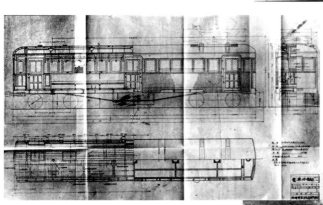

富山モニ6571。光明電気鉄道廃止後、3両の電車は富山電鉄に売却された。富山では制御方式が異なるため荷物専用車になり、戦後鋼体化されて荷物輸送に活躍した。

大日本軌道

　雨宮敬次郎が参加する軽便鉄道8社を合併して、1908（明治4）年7月に生まれた全国規模の軽便鉄道で、熊本、山口、広島、伊勢、浜松、静岡、小田原、福島に支社を置いていた。しかし、1910（明治43）年8月に軽便鉄道法が施行され、翌年1月20日に雨宮敬次郎が死去すると各支社で独立の機運が高まり、そのほとんどが地元資本に引き継がれた。浜松支社は1919（大正8）年10月12日に遠州鉄道が引き継ぎ、静岡支社は駿遠電気（現・静岡鉄道）に引き継がれた。

　大日本軌道は1921（大正10）年1月20日に解散して製造部門を分離、雨宮製作所に引き継がれて蒸気機関車、電車、ガソリンカー、貨車などさまざまな車両を製造した。しかし1923（大正12）年9月1日に発生した関東大震災の被害が甚大であり、また地方の中小私鉄はバスの進出に敗れるところも少なくなかった。次第に経営は厳しくなり、雨宮製作所は合資会社雨宮工場に引き継がれたものの消滅した。

産業用ディーゼル機関車牽引で開業
堀之内軌道

ほりのうちきどう

路線DATA
区　間	堀之内駅前〜池新田（14.8km）
駅　数	22
軌　間	609mm→762mm
動　力	内燃
開業年	1923（大正12）年12月29日
廃止年	1935（昭和10）年12月4日

　堀之内軌道は1877（明治10）年4月に公布された軽便鉄道法により、本線筋から外れた町や村を中心に地方に起こった軽便ブームにのって生まれた鉄道である。堀之内軌道の前身ともいえる城東（きとう）馬車鉄道は1899（明治32）年8月1日 堀之内〜南山間の軌道敷設が特許を得て開業した。軌間606mmの城東馬車鉄道という馬車鉄道であった。1917（大正6）年に御前崎軌道へと社名変更し、念願の御前崎を目指したが、1921（大正10）年、堀之内軌道運輸に譲渡し、1923（大正12）年南山〜池新田が開通した。この堀之内軌道運輸で特記すべきことは動力に建設工事に使った蒸気機関車を除くとデイーゼル機関車の元祖といわれる石油発汽車を使用したことである。堀之内軌道の沿線は堀之内付近など市街地を通る部分が多く、そのため蒸気機関車の煙突から出る煙を嫌ったためと思われる。しかし、このデイーゼル機関車はドイツ発動機製の単気筒の特殊なもので、地元の産業である製茶の動力としては実績があるものの、鉄道用として日本に輸入されたのは構内機関車など数少なかった。車両重量4トン、1924（大正13）年から1926（大正15）年まで3回に分けて6両が輸入されたが実績は少なく、ほかに日本に輸入されたもので有名なのは銚子の醤油工場に残る1両のみである。本場のドイツでは兄弟がフランクフルトの軽便博物館で現役である。煤煙の苦情はなくなったが、牽引力は小さく、その騒音はかなりのものだったようだ。その後のバスの台頭もあって、堀之内軌道がこの地方の交通の主役となった期間は短い。開業からおよそ10年、並行するバスに乗客を取られ1935年5月に営業を休止、廃止はその年の12月である。廃線後、機関車の行方は不明で、線路敷きはほとんどが道路と化して判別できない。ただ、途中にあった佐栗谷山トンネルだけは、内部に立ち入れないものの健在である。しかし夏の時期には雑草に覆われおり、トンネルに近づくことは困難である。

オットー）ドイツ・フランクフルトにある軽便博物館で動態保存されている同型の機関車。
◎2014年8月　ドイツ・フランクフルト軽便博物館　撮影：花井正弘

堀之内駅前	ほりのうちえきまえ	0.0km
五丁目	ごちょうめ	0.7km
万田橋	まんだばし	1.1km
三軒家	さんげんや	2.0km
円通寺	えんつうじ	2.7km
西横地	にしよこじ	3.4km
土橋	つちはし	…
奈良野	ならの	4.4km
上平川	かみひらかわ	4.9km
城山下	しろやました	6.1km
平田	ひらた	6.8km
橋本	はしもと	7.1km
赤土	あかつち	8.2km
虚空蔵新道	こくぞうしんどう	…
南山	みなみやま	9.4km
南山学校前	みなみやまがっこうまえ	9.8km
川原	かわら	9.9km
新野	にいの	11.6km
木ヶ谷	きがや	12.3km
大橋	おおはし	13.5km
苗代田	なえしろだ	14.0km
池新田	いけしんでん	14.8km

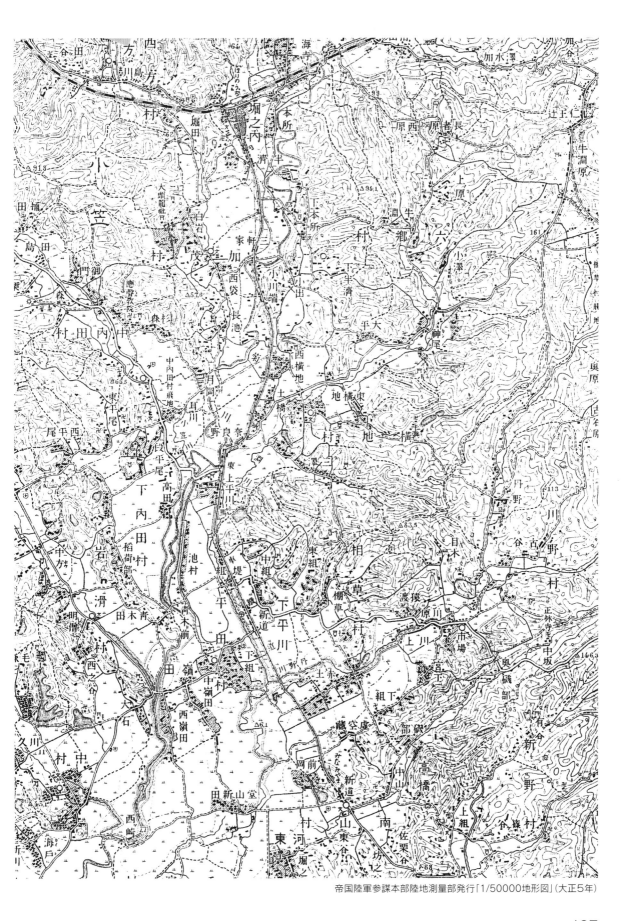

帝国陸軍参謀本部陸地測量部発行「1/50000地形図」(大正5年)

森林資源開発を目指した軽便鉄道
安倍鉄道

あべてつどう

路線DATA	
区　　間	井ノ宮〜牛妻（9.4km）
駅　　数	11停留場
軌　　間	762mm
動　　力	蒸気
開業年	1916（大正5）年4月15日
廃止年	1934（昭和9）年11月15日

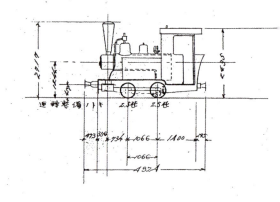

　安倍川の奥地から木材を搬出するため、1913（大正2）年、軽便鉄道法による安倍軌道が設立され、1915（大正4）年9月に社名を安倍鉄道に変更した。安倍鉄道は1916（大正5）年に華々しく井ノ宮〜牛妻間9.4kmを開通させた。その後、静岡市内へ延伸を試みたがかなわず、並行する乗合自動車に乗客を奪われ、1933（昭和8）年10月20日に営業を休止した。このルートは大井川上流地区の井川に入る街道の一つで、終点の牛妻でバスに接続した。バスが通る以前は牛妻で駕籠に乗り換え、井川まで2日を要したといわれるが、当時としては重要なコースだったようだ。線路は県道に沿って敷かれていて、地元の人に尋ねると、それらしい痕跡が残る場所を見つけることができる。

　たまたま見つけた構内の写真を見ると、井ノ宮、牛妻とも構内は広かったが、どこの鉄道とも接続駅のない珍しい鉄道であった。牛妻から静岡の町に行くとき、軽便で井ノ宮まで行くと人力車が待っていて市内まで行ったと牛妻の古老に聞いた。

　機関車は大日本軌道の5トンBタンク機関車3両、客貨車も大日本軌道製で開業に備えて新品を購入した。静岡側の駅である井ノ宮は、静岡市の中心部とはかなり離れており、これが鉄道の廃止を速めた致命的な原因であったようだ。静岡県下を流れる大河に沿って、それぞれ鉄道の敷設が行われたが、安倍川沿いの鉄道は発展することなく終わった。

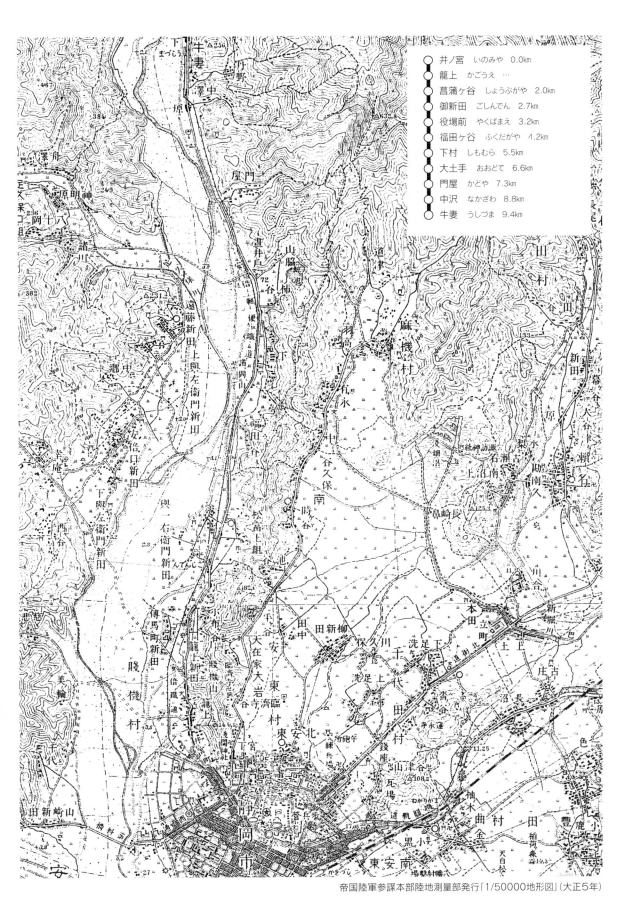

○	井ノ宮	いのみや 0.0km
○	籠上	かごうえ …
○	菖蒲ヶ谷	しょうぶがや 2.0km
○	御新田	ごしんでん 2.7km
○	役場前	やくばまえ 3.2km
○	福田ヶ谷	ふくだがや 4.2km
○	下村	しもむら 5.5km
○	大土手	おおどて 6.6km
○	門屋	かどや 7.3km
○	中沢	なかざわ 8.8km
○	牛妻	うしづま 9.4km

帝国陸軍参謀本部陸地測量部発行「1/50000地形図」(大正5年)

資材運搬線を活用した人車
藤枝焼津間軌道

ふじえだやいづかんきどう

路線DATA
区　　間	藤枝～焼津(4.5km)
駅　　数	8停留場
軌　　間	609mm
動　　力	人力
開業年	1891(明治24)年7月25日
廃止年	1900(明治33)年(廃止月日は特定できず)

　非常に歴史が古い軌道で、日本最古の人車軌道といわれる。東海道本線の駅から離れた藤枝の旧中心部の大手付近の地域救済のため、たまたま東海道本線建設時に沿線の瀬戸川から焼津まで、敷設された瀬戸川で採取される砂利輸送のトロッコ線路跡を活用して生まれた人車鉄道である。途中瀬戸川の土手に上がる区間は勾配がきつく、この個所に馬が待機していて補機の役目を果たしたともいう。ただこの軌道の開通が民間資本による鉄道敷設にかかる法的な整備が未熟だった時期だったため、軌道の存在は記録としてあまり明らかでなく、会社の登記記録もないと言われる。法人なのか個人経営なのか判然としないが、近年、「日本最古の人車軌道の時刻表」が発見され、開業日が特定された。この「藤枝焼津間客車時間及び運賃表」によれば、1日7往復、運賃は全線2銭であった。

　1897(明治30)年に経営者が変わり、社名も焼津藤枝間軌道に変わったと伝えられているが、社名の変更はこの経営者の変更によるものか明らかでない。また、最近になって焼津の商工会議所が講演会を開いたり、焼津町の案内人の会の有志の手によって、人車のレプリカを作ったりして盛り上がっているが、あまりにも昔の話で、鉄道史的検証には今一つのようだ。レールは本来のレールではなく堅木の上にイギリスから輸入した鋼板を張りつけた木道(きどう)を用いていたとの記録がある。この軌道は鉄道史学会会員森信勝氏の研究があり、今も続けられている。

○ 藤枝	ふじえだ	0.0km
○ 平島	ひらしま	…
○ 保福島	ほふくじま	…
○ 瀬戸川	せとがわ	…
○ 築地	ついじ	…
○ 大覚寺	だいかくじ	…
○ 大村	おおむら	…
○ 焼津	やいづ	4.5km

藤枝焼津間軌道の人車実物大模型。焼津の町おこしを目途に、焼津市の有志が作り上げた人車、何分記録が何も残っていないので、熱海人車のレプリカや松山人車軌道の物をスケッチしてまとめあげた。資料的価値は乏しいが、この車の登場で町に昔の記憶が戻ってきた。◎ 焼津市内の長澤貞彦氏宅　2016(平成28)年8月

3年で廃止に追い込まれた軽便鉄道
庵原軌道

いはらきどう

路線DATA

区　間	江尻〜庵原金谷（5.5km）
駅　数	10停留場
軌　間	762mm
動　力	蒸気
開業年	1914（大正3）年5月22日
廃止年	1916（大正5）年7月17日

　東海道本線の清水駅（当時の駅名は江尻）からほど近くから、山のほうに走っていた軽便鉄道。当時各地で起きていた軽便鉄道建設ブームに乗って、地元の有力者が設立した。1913（大正2）年に途中の江尻〜西久保が開通し、翌年、庵原金谷まで全線5.5kmが開業した。軌間762mmの軽便で、ドイツ・コッペル製の4トンBタンク3両、客貨車は大日本軌道からそれぞれ3両の新車を揃えて開業した。開業してすぐに金谷から先の伊佐布まで延長、また途中から分かれて静岡方面への新線計画もあったが、夢たがわず、それどころか1916（大正5）年7月17日に同じ経営者による親会社の資金難に連動して大きな負債を抱え、開業わずか3年で撤退した。

　現在、ほぼ同じ区間を伊佐布まで「しずてつジャストシステム」のバスが運転され、新東名の清水いはらインターチェンジも近い。付近を歩くと100年以上も昔、鉄道開通に夢をかけた頃とすっかり様子は変わっているように感じた。

- 江尻　えじり　0.0km
- 辻学校前　つじがっこうまえ　0.6km
- 辻町　つじまち　1.1km
- 秋葉前　あきばまえ　1.6km
- 西久保　にしくぼ　2.0km
- 神明前　しんめいまえ　2.7km
- 庵原役場前　いはらやくばまえ　3.2km
- 庵原郵便局前　いはらゆうびんきょくまえ　3.8km
- 庵原新田　いはらしんでん　4.3km
- 庵原金谷　いはらかなや　5.5km

帝国陸軍参謀本部陸地測量部発行「1/50000地形図」（大正5年）

大井川の筏流しと連帯した人車
島田軌道
しまだきどう

路線DATA	
区　間	島田駅前(貨)〜向谷(貨)(2.9km)
駅　数	2停留場
軌　間	609mm
動　力	人力
開業年	1898(明治29)年4月13日
廃　止	1959(昭和34)年9月30日

○ 島田駅前(貨)　しまだえきまえ　0.0km
○ 向谷(貨)　むくや　2.9km

　島田宿は大井川の左岸にあり、大井川の増水による川止めにより足止めになった旅人で栄えた宿場町である。旅人を蓮台に載せて大井川を渡る光景は広重の浮世絵でもおなじみだが、明治時代に入ると架橋が認められ、さらに東海道本線の開通により島田宿はその役目を終えたが、かわって大井川上流の豊富な森林資源が川運により大井川左岸の向谷に陸揚げされ、島田は製材業や製紙業が発展をとげることになる。ただ人力で島田駅まで運ばれているため非効率であり対策が求められていた。

　そうした折、島田駅〜向谷間を馬車軌道により貨物輸送する計画が町外から、1896(明治29)年7月に県宛て出願され、島田町長に対して町有地の貸与を願い出るという事件が起きた。これに対して7月18日の町議会では、この町外者に対する願い出には承認を与えず、町営により軌道を建設することを議決した。ただその後、町営ではなく町内有志の手により株式会社の認可(1897年12月15日)を受け、人車鉄道による島田軌道が設立されることになる。島田軌道は工事を進め1898(明治29)年4月13日に開業した。貨車(トロッコ)30両を有し、押し手の人夫は60人だったという。その後、向谷では続々と製材所が建設されていき、この産業にささえられ島田軌道は戦後まで、60年余り営業を続けることができ、1959(昭和34)年9月30日まで存在し、わが国で最後まで残った人車鉄道であった。そのなごりは最近まで東海道本線の列車が島田駅を出て大井川鉄橋にかかる前、線路の両側に建設された製紙工場、製材所に見ることができる。

　また、戦時中、大井川鉄橋が空襲の被害に対応して、大井川に別の橋を架け、迂回線を設けるという計画があった。この計画では島田から向谷までの島田軌道の施設を1067mmに改軌して使用するというものであった。蒸気機関車の試運転もおこなわれたという記録もあるが、戦後元の軌道に復元された。

島田の町の製材所に引き込まれた人車軌道、構内軌道か、大井川向谷の人車軌道の終点かいまだ判然としない。◎撮影：小山明

天竜川の川運と東海道線を結ぶ人車
中泉軌道→
中泉軌道運送→
中泉合同運送
なかいずみごうどううんそう

路線DATA	
区　間	中泉(貨)～池田橋(貨)(5.8km)
駅　数	5停留場
軌　間	762mm
動　力	人力
開業年	1909(明治42)年10月2日
廃止年	1932(昭和7)年2月7日

　天竜川の上流にあった久根鉱山から鉱石を積んだ帆船の受け入れ地としてとして、天竜川左岸の池田で陸揚げされた鉱石を中泉の駅まで運ぶために設けられた人車鉄道である。その詳細は不明であるが、軌間は762mmで、609mmゲージが多い人車鉄道としては大ぶりなゲージであった。貨物輸送のほか二俣からの船便で来る人のために、6人乗りの人車もあり、旅客輸送も行っていた。絵葉書にこの客車の姿を見ることができるが、かなり大振りである。軌間も762mmと他の人車鉄道に比べて広く、車夫は二人だったという。1915(大正4)年、中泉駅で汽車貨物を取り扱っていた中泉運送と合併した。

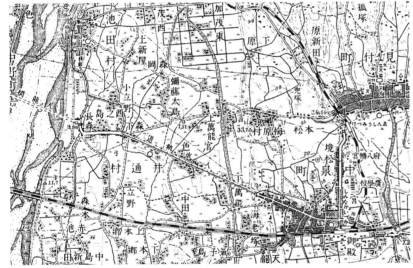

○ 中泉(貨)　　なかいずみ　0.0km
◎ 一言橋　　　ひとことばし　1.6km
◎ 万能橋　　　まんのうばし　…
◎ 森西橋　　　もりにしばし　3.1km
○ 池田橋(貨)　いけだばし　5.8km

帝国陸軍参謀本部陸地測量部発行
「1/50000地形図」(大正5年)

中泉合同運送の人車。軌間が762mmと軽便鉄道並みの人車軌道で、車両の大きさは馬が牽いてもつり合いそうだ。所蔵：白土貞夫

御殿場馬車鉄道

富士登山と山梨県方面へ物資輸送

ごてんばばしゃてつどう

路線DATA	
区　間	新橋〜籠坂17.3km
駅　数	7停留場
軌　間	762mm
動　力	馬力
開業年	1898（明治31）年11月11日 1901（明治34）年12月9日全線開通
解散年	1929（昭和4）年1月19日

○ 新橋　しんばし　0.0km
○ 御殿場　ごてんば　1.7km
○ 窪町坂　くぼまちさか　…
○ 柴怒田　しばんた　…
○ 水土野　みどの　…
○ 須走　すばしり　10.2km
○ 籠坂　かござか　17.3km

　かつての東海道本線であった御殿場線が開通すると東京方面から富士登山者が増え、また沼津方面からは魚介類などの物資が御殿場に集まり、これらを富士五湖地方に運ぶために、荷馬車や富士登山のための強力や駕籠かきが増えていった。まだ中央本線も通じていなかったので、馬車鉄道の開通は富士五湖地方への人と物資の輸送の主体は御殿場からのコースでとしての効果は絶大であった。1898（明治31）年、御殿場市内を通り、翌年には須走に至った。当時、山梨県側から都留馬車鉄道が籠坂峠まで延びてきており、御殿場馬車鉄道も1902（明治35）年籠坂まで開通し、両社によって大月までの馬車鉄道によるルートが開通した。なお、須走までの区間は複線で建設されていたが、籠坂延長の時、一部の区間を単線にして転用した。

　しかし、翌年中央本線が甲府まで開通すると、御殿場経由の客貨の移動は中央本線経由に移って激減してしまい、廃止の危機を迎えた。山梨側の都留馬車鉄道が電化、その後富士山麓電気鉄道に発展したのに対し、寂しい敗北であった。しかし、御殿場の町が鉄道の御殿場駅と少し離れていたので、町の人たちの交通の便を図るため、駅とまちを結ぶ区間は需要も見込まれたので存続の声が大きく、富士山頂の冬期気象観測で有名になる気象学者野中到の個人経営になった後、地元資本の経営となり、1928（昭和3）年まで経営を続けた。

　古い御殿場駅の平面図を見ると駅前にループ線が描かれているが、今は駅前も新しくなり昔の痕跡はない。軌道は駅を出て右手に旧市街の方に向っていたが、途中の公園に「馬車道」という看板が設けられ昔を偲ばせている。

駅付近の古い地図を見ると、南の方から軌道が延びてきて駅前でループを描いていた。

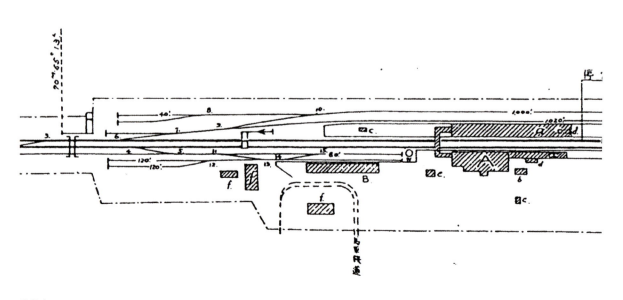

御殿場

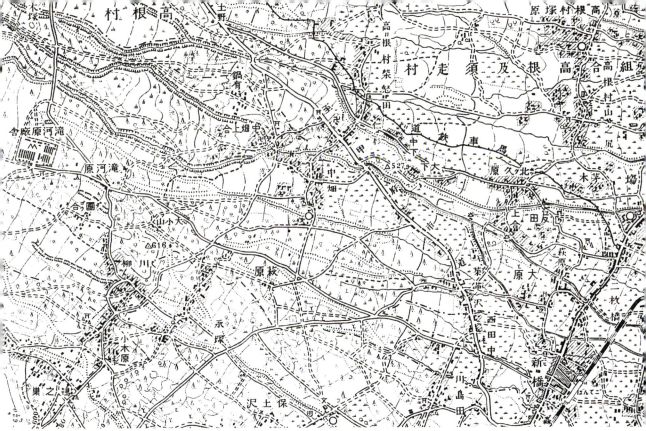

帝国陸軍参謀本部陸地測量部発行「1/50000地形図」(大正5年)

御殿場の駅からかつて馬車鉄道が通っていたあとをたどるとそれとなく線路が通っていたことを彷彿とさせる。途中の公園のわきに「馬車道公園」の看板を見つけた。
◎撮影:髙井薫平

富士大宮参詣者と製紙業輸送で好調
富士馬車鉄道

ふじばしゃてつどう

路線DATA	
区　　間	鈴川〜大宮（14.1km）
駅　　数	8停留場
軌　　間	609mm
動　　力	馬力
開 業 年	1890（明治23）年6月24日
廃 止 年	1913（大正2）年7月20日

◯ 鈴川	すずかわ	0.0
◯ 新橋	しんばし	…
◯ 吉原	よしわら	…
◯ 伝法	でんぼう	…
◯ 長沢	ながさわ	…
◯ 入山瀬	いりやませ	7.5km
◯ 天間	てんま	…
◯ 大宮	おおみや	14.1km

　日本で6番目の馬車鉄道、静岡で最初の私鉄である。1890（明治23）年6月26日に当時、岳南地方の中心地であった東海道本線の鈴川（現・吉原）から富士山信仰の大本山である浅間大社に至る鉄道で、本宮（現・富士宮）に至る14.1kmが1890（明治23）年6月に開通した。本宮付近には富士山登山口や白糸の滝など観光地も多い。その後に長沢から東海道本線富士に至る路線もできた。しかし同名の馬車鉄道が山梨県にもあったので、1908（明治41）年10月22日に富士鉄道へと改称された。業績は好調であったといわれ、1910（明治43）年当時の保有車両数は客車35両、貨車75両を擁していた。しかし、当時東海道本線の富士から富士川に沿って、甲府に至る本格的な鉄道を計画していた富士身延鉄道に並行する富士鉄道は全線が富士身延鉄道に買収され、1913（大正2）年には馬車鉄道の大半が廃止された。ただ、鈴川と久沢（現在の入山瀬付近）にあった製紙工場の関係で軌道の存続が要請され、根方軌道として独立して、1918（大正7）年9月14日に富士身延鉄道（鈴川〜久沢間 7.7km）の軌道敷設特許権を根方軌道に対し譲渡が許可され、馬車鉄道として残ることになり、根方軌道は馬車鉄道のまま1924（大正13）年7月6日まで存続した。

根方軌道

ねかたきどう

路線DATA
軌　間	610mm
動　力	馬力
車　両	客車12両、貨車5両
開　業	1918（大正7）年9月14日 富士身延鉄道から譲受。
廃　止	1924（大正13）年7月6日

　鈴川（吉原）と大宮（富士宮）結んでいた富士馬車鉄道（のちの富士鉄道）は、1913（大正2）年、富士身延鉄道にその任を託して大半が廃止になった。しかし、富士身延鉄道は東海道本線との連絡を隣の富士駅としたため、鈴川と現在の入山瀬付近の間に交通不便の地域が出ることになった。このため、この区間の軌道が残され、地域の製紙業者によって設立された根方軌道に引き継がれた。

　1920（大正9）年、我が国で最初にガソリンカー「自動機客車」を開発した自動鐵道工業所が福島県の好間軌道への納入に先立ち、根方軌道の線路を借りて試運転を行っている。この試運転は根方軌道側に経営の改善のための思惑があったかどうかは不明だが、試運転に終わっている。軌道自体の経営は期待したほどの業績は残せず、わずか6年で営業を廃止した。

富士軌道

ふじきどう

路線DATA

区　　間	停車場〜人穴（貨）（19.6km）
駅　　数	15（貨物駅除く）
軌　　間	610mm
動　　力	馬力
開　　業	1909（明治42）年11月25日
廃　　止	1939（昭和14）年3月9日

○ 停車場　　○ 峰
● 本社　　　● 堀久保
● 浅間　　　● 大久保
● 三軒家　　● 二軒屋
● 万野　　　● 中出
● 十石　　　● 上井出
● 山宮　　　○ 大穴（貨）
● 蒲沢
● 本門寺

　富士山麓からの木材搬出と大石寺への参拝客、あるいは白糸の滝への観光客輸送のために、富士山本宮大社のある大宮町（のちの富士宮市）から北に向かった馬車鉄道である。富士身延鉄道が開業するまでは、鈴川と大宮を結ぶ富士馬車鉄道と連絡していた。1913（大正2）年に富士馬車鉄道を引き継いだ富士身延鉄道が富士から大宮町まで開通すると、必然的に富士身延鉄道の停車場と連絡することになった。

　木材を中心に貨物輸送が主体だったが、人穴の先には林用軌道があった。1910（明治43）年1月には上井出まで旅客営業を開始する。列車は1日に5〜6往復が設定され、沿線に祭礼などあると大混雑したという。さらに山梨県方向に延伸を目論んだが、バスが走り出すと乗客が減少して廃止への道をたどった。

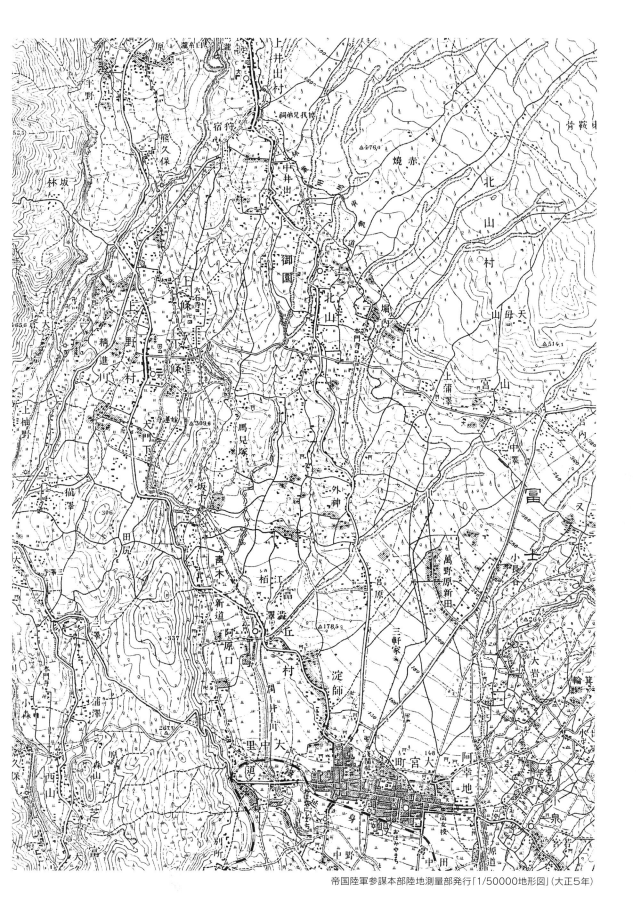

帝国陸軍参謀本部陸地測量部発行「1/50000地形図」(大正5年)

豆相人車鉄道
→熱海鉄道
→大日本軌道小田原支社
→熱海軌道組合

あたみきどうくみあい

路線DATA	
区　間	小田原〜熱海(25.5km)
駅　数	15停留場
軌　間	609mm→762mm
動　力	人力→蒸気
開業年	1895（明治28）年7月13日
廃止年	1924（大正13）年4月1日

○ 小田原　おだわら　0.0km
○ 早川　はやかわ　0.5km
○ 石橋　いしばし　2.7km
○ 米神　こめかみ　3.9km
○ 根府川　ねぶかわ　6.2km
○ 江ノ浦　えのうら　8.7km
○ 長坂　ながさか　…
○ 大丁場　おおちょうば　…
○ 岩村　いわむら　13.3km
○ 真鶴　まなづる　14.5km
○ 吉浜　よしはま　16.3km
○ 湯河原　ゆがわら　17.5km
○ 稲村　いなむら　20.9km
○ 伊豆山　いずさん　23.1km
○ 熱海　あたみ　25.5km

　ずらりと並んだ人車に車夫が一人ずつ、取り付いて押している、坂道が多いので車夫は2人以上のこともあり、さらに坂道では下等の乗客も降りて人車を押したといわれる。こんな光景を当時の絵ハガキが物語っている。しかし、人車鉄道はあまりに時間がかかるので、やがてラッキョウと呼ばれた小さなタンクロコがボギー客車を1両牽くようになり、軌間も762mmに改軌された。その様子なども絵葉書でおなじみである。JR熱海駅の駅前には唯一残った8号を見ることができるが、軽便時代の熱海駅は、8号が置かれた熱海駅前から、かなり海の方に下った旅館の前であり、記念碑が建っている。また小田原の「子どもの森公園」には電気で動くレプリカが来園者の人気を集めている。客車のレプリカは湯河原の和菓子屋や根府川の宿に復元されている。

　東海道本線が開通したとき、最初は国府津から御殿場経由だったので、当時すでに人気のあった温泉地である箱根湯本や熱海はルートから取り残されてしまった。そのため国府津から小田原を経て箱根湯本に至る部分は馬車鉄道として1888（明治21）年に開業、1900（明治33）年に電車に切り替えられた。これが現在の箱根登山鉄道の前身である。

　当時、東京方面からの熱海に出かける温泉客は、国府津で馬車鉄道（後に電車）に乗り換えて小田原の少し先の早川まで行き、ここで人車鉄道（後に蒸気鉄道）に乗り換えて熱海の温泉に向かった。

　この人車鉄道を作ったのは、後に大日本軌道を創業した雨宮敬次郎である。病弱だった雨宮は熱海の別荘に湯治に行くとき、小田原から馬車に乗るのが苦痛で、鉄道を敷くことを考え、まず建設費のかからない人車鉄道を作った。当時、14往復（別資料では6往復）が設定され、一度に4〜5両が続行運転された。所要時間は3時間〜3時間半ぐらいだった。人車は全長1.62m×幅1.5m、定員は6名、運賃は小田原〜熱海間上等1円、中等75銭、下等50銭であった。しかし、海と山に挟まれたこの区間は線形が複雑で、勾配も多いため人車を押す人足も1両ごとに複数が必要で経費もかかった。そのため、1905（明治38）年に熱海鉄道へと社名変更し、動力を蒸気機関車に変更、762mmに改軌して1907（明治40）年に完成させた。

　熱海までのコースは入り組んだ海岸線が続き、そこに設けられた山道に軌道の線路が敷かれていた。芥川龍之介の「トロッコ」では609mmから762mmへの改軌工事の様子が描かれている。蒸気機関車は1号から15号機（欠番あり）まであり、初代1号機は1924（大正13）年のアメリカ・ボールドウイン製で、車体の四隅に柱を立てた屋台のような機関車だが、それ以外は国産のB形4トン機だった。雨宮（大

珍しくサドルタンク式の機関車である。場所は伊豆山愛梁橋らしい。

日本軌道)製も多いが、現在、熱海駅前に鎮座している7号機関車は1907(明治40)年の越中島鉄工所製である。蒸気機関車運転に切り替えられてからは、小田原〜熱海間の所要時間が2時間半前後となり、1時間ほど短縮された。

国鉄(当時は省線)の熱海線は小田原まで順調に伸びてきていたが、小田原以遠はすでに熱海軽便鉄道が営業していたので、熱海線の工事にこれを活用することにした。このため熱海鉄道は、国に売却され「熱海軌道組合」という会社組織でない組織に変わった。しかし1923(大正12)年9月1日に関東大震災が発生して熱海軌道も壊滅的打撃を受け、1924(大正13)年3月26日の決済扱いで組合は姿を消した。

連なって山肌を行く人車の列。後ろから2両目は上等車だと思われる。

バック運転で客車を1両牽いている。線路は熱海と小田原を結ぶ街道に敷かれ、歩く人の姿も見られる。

伊豆山愛梁橋を渡る:熱海鉄道は知人に写真を撮った人は皆無だった。ただ絵葉書には多く残されていて我々の目にとまることが多い。写真は通称「へっつい機関車」。

伊豆半島の唯一の鉄道として開業
南豆馬車鉄道
なんずばしゃてつどう

路線DATA
区　間	大沢口～武ヶ浜(貨)(4.1km)
駅　数	9停留場
軌　間	762mm
動　力	馬力
開業年	1918(大正7)年9月2日
廃止年	1957(昭和32)年4月11日

- 大沢口　0.0km
- 事務所前乗降場　0.6km
- 蓮台寺　0.9km
- 中之瀬　1.5km
- 本郷橋待機場　…
- 中村待機場　2.3km
- 中村橋　2.8km
- 下田乗降場　…
- 武ヶ浜(貨)4.1km

　伊豆半島の先端に近い蓮台寺温泉先の久原鉱山河津鉱業所（蓮台寺金山）から、下田港の積み出し場まで金鉱石輸送を目的に、1918（大正7）年9月に開業した馬車鉄道である。伊豆に最初にできた鉄道として知られている。鉱石のほか蓮台寺温泉に行き来する乗客も運び、1920（大正9）年の統計では無蓋貨車13両のほか定員6名の客車3両を保有していた。機関車である馬は10頭前後保有していたが激しい労働環境のため、廃車ならぬ廃馬も少なくなかった。しかし1927（昭和2）年に下田～蓮台寺間に定期バス運行されるようになると利用客の減少が進み、1936（昭和11）年1月22日旅客営業を廃止して、貨物専用になった。

　その後、戦時下における金鉱山の採掘中止や、戦後再開したのちも鉱石輸送も次第にトラック輸送へと切り替えられていき、運転も休止に追い込まれた。そして、1945（昭和20）年に再開、1952（昭和27）年には社名を「南豆鉄道興業」と改め、新たに温泉開発にシフトし、軌道敷きを活用して蓮台寺温泉から下田市まで今も残る送湯管を設置した。軌道のほうは1957（昭和32）年4月に正式廃止、これは我が国の最後の馬車鉄道といわれている。

　蓮台寺の温泉場は伊豆急開業の時、ある事情からやや町を外れて通ったため、かつての賑やかさはない。現在、蓮台寺温泉への足は伊豆急下田から、ほぼ1時間ごとに出る東海バスである。このうち半分の便が蓮台寺温泉を通り越して大沢口まで行く。大沢口のバス折り返し場所にはかつて鉱山の坑口があったところだ。

　南豆馬車鉄道はもともと蓮台寺にあった鉱山から鉱石を下田港まで運ぶ目的で建設されたが、伊豆地方にはほかにも古くから金、銀、錫などが産出する中小の鉱山が存在した。そのすべてはすでに操業をやめているが、一部は観光資源として活用されている。

【参考】主な伊豆の鉱山
1. 大仁鉱山：伊豆市瓜生野、金山、廃坑
2. 清越鉱山：伊豆市、金山、廃坑　1931年．金鉱床発見
3. 天城湯ヶ島金山：伊豆市湯ヶ島、
4. 清越鉱山：伊豆市1987年閉山、伊豆半島最後の鉱山といわれる。
5. 土肥金山：土肥温泉に近い金山、かつては佐渡に次ぐ金山だったといわれ現在は観光施設として残る。
6. 持越鉱山：伊豆市に現存する鉱山だが、現在は採掘をやめ、廃棄電気品から希少金属を取り出す事業に転換。

所蔵：白土貞夫

南豆馬車鉄道は鉱石輸送のほか、下田から蓮台寺温泉までの温泉客を運ぶ任務を持っていた。◎撮影：宮松金次郎

4つの森林鉄道が存在した
森林鉄道

①千頭森林鉄道（寸又峡森林鉄道）

路線DATA	
区　間	千頭～栃沢　36kmほか
開始年	1938（昭和13）年
廃止年	1968（昭和43）年

②気田森林鉄道

路線DATA	
区　間	金川～植田～倉内桂～御用林　約33km　相月で水窪に接続
開始年	1940（昭和15）年
廃止年	1960（昭和35）年

③熊切森林鉄道

路線DATA	
区　間	川上～御用林（6.7km）
開始年	1939（昭和14）年
廃止年	1967（昭和42）年

④水窪森林鉄道

路線DATA	
区　間	戸中山～地頭方御用林（21.3km）
開始年	1942（昭和17）年
廃止年	1964（昭和39）年

　静岡県の背後に控える南アルプスの山々は豊富な森林資源に恵まれ、そこから駿河湾に流れる大井川、天竜川の奥地にいくつかの森林鉄道が存在した。それらは以下のとおりである。このほか、天竜川の奥地佐久地区に民営の龍川森林軌道株式会社という6kmほどの人力の森林軌道も存在した。

(1) 千頭森林鉄道（寸又峡森林鉄道）

　大井川鉄道井川線と沢間まで線路は3線式の併用だった。これは電源開発を目的とした井川線が輸送量の増加で建築限界はほぼそのまま、1067mmに改軌されたためである。また途中にある発電所やダムなどもある関係から富士電力、のちに中部電力との関係も強まっていく。沿線の奥地には寸又峡温泉があり、温泉客の便乗が増えたので、遠州鉄道笠井線で使用した単端式ガソリンカー3両を譲り受け、客車として使用している。機関車は5～7tのディーゼル機関車で1968（昭和43）年の廃止後、千頭駅の構内や寸又峡温泉などに客車や運材用貨車（台車）とともに保存されている。

　なお、千頭にはかつて小長井河内森林鉄道という民営の森林軌道が存在した。千頭の大井川を挟んだ対岸にあり、千頭森林鉄道とは接続していなかった。

千頭森林鉄道の6トン機が運材列車を牽いて山を下ってきた。◎川根両国　1966（昭和41）年9月　撮影：風間正美

水窪森林鉄道から譲り受け、四国・馬路村で活躍するディーゼル機関車。◎撮影：荻原俊夫

運材台車を並べて、客室を載せたような森林鉄特有の客車、乗降は車両の妻面から行う。
◎川根両国　1966（昭和41）年9月
撮影：風間正美

(2) 気田森林鉄道

　天竜川の支流気田川沿いの町、浜松市天竜区春野町にも森林鉄道が存在した。気田川に沿って上田、勝坂を経て都沢に至る約30kmで、このあたりは御用林であった。起点である篠原には貯木場があったが、現在は太陽光発電所にその姿を変えている。森林鉄道は篠原から気田川をさかのぼっていた。

　気田の町で興味深いのは王子製紙の存在である。王子製紙は付近に山を持ち1889（明治22）年、王子製紙が日本最初のパルプ工場が気田の町に完成させた。日本最初のパルプの生産を行ったが資源枯渇のため1922（大正11）年3月に操業を停止、静かな町に戻った。日本初のパルプ工場の事務所は町の史跡として現存する。

　このため気田の街を歩くと今でも大きな旅館や割烹が目につく。この森林鉄道では5〜7tのディーゼル機関車が主力だったが、保存されたものはないようだ。特筆すべきは取り外されたレールを使って、火の見やぐら、電柱、手すりなどに広く流用されている。線路敷きはほとんどが国道や県道に転用されている。

(3) 熊切森林鉄道

　同じ気田の町から気田川の分流、杉川に沿って小俣国有林に至る6.7kmの森林鉄道であり、地元の方の話によれば気田森林鉄道とは線路はつながっていなかったとのことだ。1967（昭和42）年に廃止されているので、静岡県内の森林鉄道としては最後まで運行していたことになる。貯木場は気田森林鉄道の篠原と共用していた。現在、線路跡は途中まで川根に抜ける県道の一部になっている

(4) 水窪森林鉄道

　水窪森林鉄道は、国鉄の飯田線から出ていた唯一の森林鉄道である。といっても貯木場のあった市中から、はるか高いところに飯田線の水窪駅があり、木材の搬出には飯田線ではなくトラックに依ったという。南アルプス山中でこの森林鉄道の歴史は新しく、帝室林野局名古屋支局の手で、1940（昭和15）年から工事が始まり、1942（昭和17）年に18kmが開通した。

　機関車は3〜5トンのガソリン機関車で8両が在籍した。のちにこの森林鉄道は東京営林局水窪営林署の所轄になった。廃止は1964（昭和39）年頃で、電源開発と林道整備によるものであった。たまたま残っていた3トンのガソリン機関車は、四国の馬路村に移管されて今でも健在である。

　当時の鉄橋が現在でもそのまま残り、貯木場の跡地はソーラーパネルが並ぶ太陽光発電所になっているのは、各地に見られる最近の傾向のようだ。

県内各地にロープウエイが多く建設
鋼索鉄道（ケーブルカー・ロープウエイ）

十国峠ケーブル。◎1958（昭和33）年3月2日　撮影：荻原二郎

(1) 伊豆箱根鉄道十国峠鋼索線

路線DATA
区　　間	十国峠登り口駅〜十国峠駅　316m
軌　　間	1435mm
方　　式	交走式（つるべ式）
高低差	101m
車　　輌	定員96名　2両
開業年	1956（昭和31）年10月16日

　箱根から三島に抜ける東海道の景勝地十国峠にある。大きな駐車場があり高低差、距離とも小規模であるが、ここで観光バスなどは小休止するので1段高い展望台への足であり、利用者も少なくない。戦後まだ資材が潤沢でなく戦時中不要不急路線として廃止されていた兵庫県の妙見鋼索鉄道の設備を転用した。そのせいか軌間は1435mmである。

(2) アタミロープウエイ

路線DATA
区　　間	後楽園駅(山麓駅)〜八幡山駅(山頂駅)　273m
高低差	96m
方　　式	3線交走式
搬　　器	大阪車両製、定員31名　2基
開業年	1958（昭和33）年5月16日

　熱海後楽園バス停そばの山麓駅から3分間の空中散歩で、熱海随一の展望台である八幡山山頂に到着する。山頂テラスからは「百万ドルの夜景」と呼ばれる熱海市街を眼下に、天気の良い日には房総半島や三浦半島、遙か太平洋の彼方には伊豆七島の伊豆大島も望むことができる。

十国峠ケーブル

アタミロープウェイ

(3) 静岡鉄道日本平ロープウエイ

路線DATA

区　間	久能山駅〜日本平駅（山頂駅）1065m
高低差	120m
方　式	3線交走式
搬　器	大阪車両製、定員55名　2基
開業年	1957（昭和32）年5月31日

　徳川家康ゆかりの「久能山東照宮」と日本観光地100選にも選ばれた日本平を結ぶロープウエイ、駿河湾を隔てて富士山や伊豆半島、御前崎を望む。搬器は「あおい号」「たちばな号」と名付けられ、それぞれ葵のご紋をあしらったラッピングがなされている。山麓駅に当たる久能山駅には久能山下バス停から1,159段の階段を歩いて登ったところにあり、このロープウエイに乗る標準的コースは大駐車場のある山頂の日本平まで行き、山麓駅に下って行くのが一般的だ。

(4) 遠州鉄道かんざんじロープウエイ

路線DATA

区　間	かんざんじ駅〜大草山駅 723m（湖上ロープウエイ）
高低差	94m
方　式	2支索1引索
搬　器	スイスCWA製、定員49名2基
開業年	1960（昭和35）年12月

　浜名湖の舘山寺温泉から大草山まで、わが国唯一の入り江のような湖上を渡るロープウエイとして人気が高い。搬器にはあちこちのロープウエイでも多く見られる話題の人物などをあしらったラッピングがなされ、2017年12月現在NHK大河ドラマ「女城主直虎」に因んだものになり、その後浜松市のマスコットキャラクターに変更の予定。

かんざんじロープウェイ

かんざんじロープウェイ

(5) 下田ロープウエイ

路線DATA
区　間	新下田駅(山麓駅)〜寝姿山駅(山頂駅) 540m
高低差	156m
方　式	交走式
搬　器	東急車両製、定員39名　2基
開業年	1961(昭和36)年4月(設立)

　伊豆急下田駅前から下田港や遠く大島を望む寝姿山の山頂まで、下田観光には不可欠な施設である。搬器は2009年新しいものに置き換わり、明るい緑色の車体にはさくら、つわぶきの絵が描かれている。

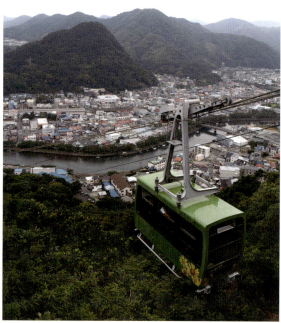

下田ロープウェイ

下田ロープウェイ

(6) 伊豆の国パノラマパークロープウエイ (元かつらぎ山ロープウエイ)

路線DATA
区　間	伊豆長岡市内〜葛城山山頂　長さ1800m
高低差	411m
方　式	自動循環式
搬　器	スイスCWA製　定員6名
開業年	1962(昭和37)年5月

　海抜452メートルの葛城山にある伊豆の山パノラマパークへの足として建設された。伊豆箱根鉄道の駅に近い山麓駅は田園地帯にあり、ここから山中に入り、葛城山頂まで6人乗りの搬器で7分間の変化に富んだ空中散歩が楽しめる。

(7) 修善寺ロープウエイ (城山ロープウエイ)

路線DATA
区　間	山麓駅〜城山山頂 425m
高低差	151m
方　式	3線交差式
搬　器	定員26名
開業年	1964(昭和39)年
廃業年	1977(昭和52)年

　修禅寺駅を出て狩野川を渡ったところにあったロープウエイ、修禅寺城址跡の城山に登るためのもので、地元有志により建設されたがその営業期間は短かった。

伊豆の国パノラマパークロープウェイ

エイで、島に渡るアクセスは渡船併用でどちらでも選択できた。しかしロープウエイは2007年に営業を休止し、水族館へのアクセスは渡船だけになった。

淡島マリンパーク

(10) ゴルフ場のケーブルカー

稲取ゴルフ場内にプレイヤーを運ぶ施設があるという。詳細はわからないが珍しい写真をご紹介する。

(8) 熱海高原観光(熱海サボテン公園ロープウエイ)

路線DATA

区　　間	熱海(麓駅)～玄岳(クロダケ)(山頂駅)
高低差	374m
方　　式	4線交差式
搬　　器	定員121名
開業年	1967(昭和42)年10月
廃業年	1970(昭和45)年12月

　地元資本により建設されたが、経営母体の倒産でその歴史は短かった。搬器は当時世界最大といわれた例のない大型であった。個人経営で発足したため経営がぜい弱で、運転休止に追い込まれたのち、サボテン公園の再開に期待をかけたが再建は果たせず、一部の遺構を残したまま今に至っている。

(9) 淡島マリンパーク(あわしまマリンパークロープウエイ)

路線DATA

区　　間	重寺～淡島 332.9m
高低差	44.0m
方　　式	3線交差式
搬　　器	46名
開業年	1964(昭和39)年
廃業年	2008(平成6)年7月

　島全体が水族館である淡島に渡る珍しい海上ロープウ

稲取ゴルフクラブ

修善寺虹の郷ロムニー鉄道

しゅぜんじにじのさとロムニーてつどう

　修善寺温泉に近い山中にあるテーマパーク、「虹の郷」は1924（大正13）年に修善寺町によって開園された修善寺公園が前身である。1967（昭和42）年に規模を拡大して修善寺自然公園となった。その後さらに集客を高めるため施設の充実を図り、2つの尾根にカナダ村とイギリス村を作り、その間の谷部分に日本庭園や伊豆の風景を残すことになった。そしてこの二つのゾーンを結んで、イギリスのドーバー地方に発達した超狭軌蒸気鉄道を導入したのが「ロムニー鉄道」である。軌間は381㎜（15インチ）と狭いが、イギリスのそれでは立派な鉄道として認められている。

　この虹の郷の鉄道はイギリスのロムニー・ハイス＆デイムチャージ鉄道、レーブングラス・アンド・エスクテール鉄道の協力を得た。3両の蒸気機関車はこれらの鉄道で使用していたものを譲り受けたものである。客車もほとんどがイギリス製である。

あとがき

　「今夜は蛍が出ていますよ」と春野町の宿のおかみに言われて気田川の土手に蛍を探しに出かけてから、早いもので3年余の時が流れた。できるだけ現場を見てみたいという旅だったが、昨今の出版業界の諸事情とぼく自身の怠惰な性格から、本の行程は遅れに遅れていた。

　各県の鉄道を1冊にまとめたらどんなことになるだろうという企画に関わり、ならば縁もゆかりもないが、これまで何十回も上り下りした東海道線の車窓に懐かしさを思い出しながら、「静岡県の鉄道」という大仕事に手を付けた。

　静岡県はいうまでもなく日本の大動脈が貫く重要な地域であり、新幹線に代表される高速交通網が完備されている。一方、かつて静岡県の各地には多くの軽便鉄道が存在したし、森林鉄道や鉱山軌道も存在した。これらの多種多様な鉄道の紹介を限られるスペースで1冊の本にまとめるのはかなり難題であった。その結果、鉄道を趣味や研究の対象にされる各位にはかなり物足りない内容になったと反省している。最大の原因は著者自身の薄学と纏め方の未熟さのせいだと自覚している。さらに深く知っていただくには向きには、静岡新聞社で発行された森信勝氏による「静岡の鉄道興亡史」「静岡県鉄道軌道史」がある。この二つの大著には本の表題が示すように、すでにない小鉄道にも多くのページを割かれ、また本書では触れなかった未開業線についても解説されているのでぜひご一読いただければ幸いである。また、それぞれの鉄道の紹介、研究書その他も少なくない。それらの中で筆者自身が手に入りうる参考図書は別表の通りである。

　この種の本つくりに不可欠な古い資料、特に絵葉書の類は収集家の白土貞夫、関田克孝両氏の貴重なコレクションを活用させていただいた。また近年、情報はネットで入手できる時代になったが、信ぴょう性を精査しつつ、可能な限り活用させていただいた。

　現地の情報では駿遠線に詳しい阿形昭氏、戦後すぐの奥山線に精通する上野哲司氏、それに鉄道友の会静岡支部の石川支部長、太田修氏のご協力を得た。

　本著をまとめるに当たり、できるだけ現場主義に徹したつもりである。具体的には近年JRを中心に設備の近代化が進んでおり、特に駅舎の更新は各駅で進んでいるので、その様子を見るため訪問し、かつての歴史的風景は古い絵葉書の記録、故山田虎雄さん、故荻原二郎さんから借用した写真などと対比することができた。東海道本線各駅の入場券は、当時の国鉄線全線を乗車した後藤宗隆氏から提供を受けた。また、この種の書籍の主役である写真の提供は多くの趣味の諸先輩や友人にお世話になった。書面を借りてお礼申し上げたい。

　一方、すでに忘れられたような大井川森林鉄道以外の静岡の森林鉄道の起点だった浜松市天竜区の春野町や水窪町、あるいは沼津臨港線や光明電気鉄道、安倍鉄道、庵原軌道、堀之内軌道、西遠鉄道など廃止路線のあともたどってみた。戦後廃止になった静岡鉄道の各線や遠州鉄道奥山線は昭和30〜40年代に筆者が足しげく通った記録を活用した。

　以上のように本書をまとめるに当たり、お世話になった各位、素晴らしい著作をあらわされた先輩諸兄、それに本書の出版に機会を与えていただいたフォト・パブリッシングの各位に厚く御礼申し上げる次第です。

《主な参考文献》

和久田康雄（1992）『私鉄史ハンドブック』鉄道図書刊行会.
沖田祐作編（1993）『機関車表』滄茫会.
今尾恵介監修（2008）「日本鉄道旅行地図帳7号」新潮社.
森信勝（1997）『静岡の鉄道興亡史』静岡新聞社.
森信勝（2014）『静岡県鉄道軌道史』静岡新聞社.
『気多森林鉄道熊切森林鉄道概史』（2016）「れいる」№93.プレスアイゼンバーン.
寺田裕一『消えた轍』ネコ・パブリッシング.
白井昭『大井川鉄道井川線』（RMライブラリー№96）ネコ・パブリッシング.
宮脇俊三編著『鉄道廃線跡を歩く』（キャンブックス）JTBパブリッシング.
青木栄一編（2006）『日本の地方民鉄と地域社会』古今書院.
青木栄一・三宅俊彦『軽便鉄道』大正出版.
『浜松市史』浜松読書文化協力会「奥山線の歴史展」.
菊川町史編纂委員会『菊川地域鉄道史』菊川町.
髙井薫平（2008）『軽便追想』ネコ・パブリッシング.
湯口徹（2012）『内燃動車発達史』ネコ・パブリッシング.
湯口徹『へっついの系譜』（RMライブラリー）ネコ・パブリッシング.
湯口徹『私鉄紀行・黒潮と小さな汽車の通い道』上・下　プレスアイゼンバーン.
阿形昭（2015）『歴史に残す静岡鉄道駿遠線』静岡新聞社.
山本義彦監修（1993）『静岡県鉄道写真集』郷土出版社.
岡本憲之（1999）『全国軽便鉄道』（キャンブックス）JTBパブリッシング.
岡本憲之『軽便鉄道時代』（キャンブックス）JTBパブリッシング.
岡田誠一（2012）『国鉄準急行列車物語』（キャンブックス）JTBパブリッシング.
須田寛（2017）『昭和の鉄道』（交通新聞社新書027）交通新聞社.
須田寛（2017）『東海道新幹線50年』（KOTSUライブラリー）交通新聞社.
中島信（2017）『絶景！日本全国ロープウエイ・ゴンドラ,コンプリートガイド』扶桑社.
八木牧夫（2014）『ちゃんと歩ける東海道５３次東・西』山と渓谷社.
伊豆急研究会編（2013）『伊豆急50年の歩み』（キャンブックス）JTBパブリッシング.
「鉄道ピクトリアル」関係各号　電気車研究会.
「鉄道ファン」関係各号　交友社.
「歴史でめぐる鉄道全路線」№3　朝日新聞社.
「交通公社時刻表」各冊　日本交通公社.

【著者プロフィール】
髙井薫平（たかいくんぺい）
1937（昭和12）年東京生まれ。1960（昭和35）年慶應義塾大学法学部卒業。株式会社ユタカ製作所代表取締役等を歴任。慶應義塾大学鉄研三田会第5代会長、鉄道友の会参与等を務める。講談社、ネコパブリッシング等から著書多数。

【協　力】
阿形昭、阿部一紀(故人)、安藤誠、飯島正資、生田 誠、伊藤正光、今井啓輔、上野哲司、梅村正明、太田修、小川峯生、荻原二郎(故人)、荻原俊夫、風間正美、亀井秀夫、久保敏、後藤宗隆、小林正義、小山明、白土貞夫、清水武、杉山裕治、関幸彦、関田克孝、竹中泰彦、田中義人、戸田佳男、長澤貞彦、中島信、長渡 朗、名取紀之、西明義裕、花井正弘、林嶢、堀川正弘、宮松慶夫、森邦明、諸河久、山梨写真館、山梨孝夫、山梨幸夫、湯口徹、横瀬弘志、村松功、田尻弘行(故人)

静岡県の鉄道
明治の馬車鉄道から昭和・平成の新幹線まで

2019年7月5日　第1刷発行

著　者……………髙井薫平
発行人……………高山和彦
発行所……………株式会社フォト・パブリッシング
　　　　　　　　〒161-0032　東京都新宿区中落合2-12-26
　　　　　　　　TEL.03-5988-8951 FAX.03-5988-8958
発売元……………株式会社メディアパル
　　　　　　　　〒162-8710　東京都新宿区東五軒町6-24
　　　　　　　　TEL.03-5261-1171 FAX.03-3235-4645
デザイン・DTP………柏倉栄治（装丁・本文とも）
印刷所……………株式会社シナノパブリッシングプレス

ISBN979-4-8021-3145-2 C0026

本書の内容についてのお問い合わせは、上記の発行元（フォト・パブリッシング）編集部宛てのEメール（henshuubu@photo-pub.co.jp）または郵送・ファックスによる書面にてお願いいたします。